軽度知的障害生徒における
自己理解の支援に関する実証的研究

伊藤　佐奈美　著

現代図書

まえがき

　1970 年代には，国際連合において障害のある人の権利に関する宣言や決議が相次いでなされるなど，世界的に障害者への理解を求める動きが見られるようになった。1975 年の「障害者の権利宣言」の趣旨に基づき，1981 年 (昭和 56 年) は国際障害者年とされ，翌 1982 年 (昭和 57 年) には「障害者に関する世界行動計画」が採択され，1983 年 (昭和 58 年) から 1992 年 (平成 4 年) は「国連・障害者の十年」と定められた。その頃から，知的障害者においても「自己決定」について論じられるようになり，本人の「自己選択・自己決定」が重要とされるようになった。筆者は 1981 年の国際障害者年の年に教員採用試験を受験し，翌年，特別支援学校教諭となった。そのときの教員採用試験には国際障害者年のテーマ「完全参加と平等」を問う出題があったことを覚えている。

　当時，知的障害教育においては，生活中心教育に「子ども主体」の理念が取り入れられ始めた頃で，客体としての立場に置かれがちな子どもたちの主体性の確立に目が向けられるようになってきていた。私たち教師は，子どもが生活の主体となって生き生きと活動する姿を実現するための指導・支援の在り方を，日々探究しようと取り組んだ。子どもに「させる・やらせる」教育でなく，子ども自らが主体的に取り組む，「自分から自分で」取り組む教育を目指して授業研究も盛んに行われ，現在に引き継がれている。そうした指導の在り方は，子どもがやりがいや手応えをもち，日々の学校生活に満足し，子どもが主体的に取り組む意欲・姿勢・態度を培うことを大切にするものである。

　小学部における「遊びの指導」や「生活単元学習」では，子どもの主体的な動きを促す活動場面は指導者側のイメージも持ちやすく，場面の設定も比較的容易である。しかし，高等部になると，卒業後の進路に向けた職業訓練的な「作業学習」が大きなウエイトを占めるようになり，生徒が判断・決定するべき内容も複雑になってくる。そうした中で，日々の小さな選択としての自己決定の余地は残されるものの，自らの人生や進路に関する決定に際しては，知的障害生徒は様々な情報を自ら得て，判断・決定をするということが困難なことから「自己決定」はできないとされてしまっているのではないか，と考える。少し前

までは「将来はパン屋さんになりたい。」と発言することを認められてきた生徒が，ある時期を境に社会への適応という目標のもと，自らの希望や選択の余地のない職場における実習を経て社会人になるための練習を授業で行う，という姿になってしまっているのではないか。そうした現実の中で，特別支援学校高等部における自己決定支援や自己理解の指導は難しいとされてきてしまっていると感じる。

　知的障害のない私たちも，「プロ野球選手になりたい」「ピアニストになりたい」という夢を語った幼少期がありながらも，ほとんどの人が自分の適性や能力を受け入れて現実的な職業選択へと人生を歩んできている。これは，「自分は何ものか」というアイデンティティー形成の過程であり，青年期の自己実現の過程である。知的障害青年にも青年期は存在するし，高等部の時期はまさにその時期である。このことから，特別支援学校高等部においては，青年期教育の視点を持ちつつ自己理解の学習を進めるべきではないかと考える。知的障害のある人に対しても職業や進路の決定に際しては本人の理解できるような情報提供を行い，自らの適性や能力に合わせて自ら納得して人生の選択をすることができるようにすることが重要と考える。

　こうした「自己決定」を適切に行うためには，まずは自分自身について障害や特性を理解し受容することから始め，自分の現状を理解することが必要である。そして，そのための「学習」の機会を提供することが重要である。本書は，現在，在籍数の増加とともに特に課題とされる軽度知的障害生徒への対応から「自己理解」に着目し，その学習の機会を設定し，学習を通して軽度知的障害生徒の意識や自己理解がどのように変容するかについて分析検討することを目的とする。

　本書では，まず，これまで行われてきた研究をもとに知的障害者の自己決定支援を行うための自己理解の重要性を論じ，次に，特別支援学校高等部に在籍する軽度知的障害生徒の事例研究及び意識調査，さらに教科「職業」における実践的研究を行い，指導・支援の結果から障害者自身の自己理解の変容を検討する。また，それぞれの生徒に教師が行った評価のフィードバックを行い，他者評価を踏まえつつ自己理解を促し，生徒の自己評価の変容から実践した指導・支援の効果についても検討する。この実践の試みは，従来，特別支援学校高等

まえがき

部において指導が難しいとされてきた知的障害生徒の自己理解に関する指導実践に新たな知見が提供できるものと考えている。

　本書が，特別支援学校高等部における青年期教育の観点から集団指導に取り組んだ実証的研究として，教育現場における実践の参考になれば幸甚である。

目　　次

まえがき iii

図表目次 x

序　章　研究の目的及び方法 1

1　はじめに 1

2　研究の目的 3

3　研究の方法 4

第 1 章　研究の背景 9

1.1　知的障害者の自立と自己決定の考え方 9

1.2　知的障害者に対する自己決定支援と自己理解 13

   1.2.1　自己決定支援を行う支援者の関わりの在り方 13

   1.2.2　自己決定のための知的障害者自身の「学習」に関する知見 14

   1.2.3　軽度知的障害生徒の「自己理解」とは 16

1.3　特別支援学校高等部における軽度知的障害生徒の
     青年期教育としての「自己理解」支援の必要性 20

1.4　特別支援学校高等部在籍生徒数の増加による教育上の課題 22

1.5　特別支援学校高等部における軽度知的障害生徒に対する
     職業教育の現状 24

第 2 章　知的障害児童生徒に対する教師の意識
　　　　 ― インクルーシブ教育に関する調査結果をもとに ― 31

2.1　調査の背景と目的 31

2.2　調査方法 33

   2.2.1　調査の時期及び対象 33

   2.2.2　調査の内容 34

目　次

　　2.3　調査結果 35
　　　2.3.1　障害区分ごとの受入れに対する意識 35
　　　　2.3.1.1　小・中学校教師の意識 35
　　　　2.3.1.2　高等学校特別支援教育コーディネーターの意識 36
　　　　2.3.1.3　特別支援学校教師の意識 37
　　　2.3.2　知的障害のある子どもを受入れる際の問題点 40
　　2.4　まとめ 41

第3章　学校不適応を示す生徒の自己理解の過程 45
　　3.1　事例研究の背景及び目的・方法 45
　　3.2　事例提示 47
　　　3.2.1　事例1 47
　　　3.2.2　事例2 54
　　3.3　総合考察 64
　　　3.3.1　事例を通して確認した軽度知的障害生徒への対応 64
　　　3.3.2　軽度知的障害生徒の障害受容・自己理解 65
　　　3.3.3　軽度知的障害生徒への指導・支援の在り方 66

第4章　軽度知的障害生徒の学校生活に関する意識
　　　　― 特別支援学校高等部における質問紙調査をもとに ― 69
　　4.1　問題の背景及び所在 69
　　4.2　調査の目的 70
　　4.3　意識調査の対象及び内容・方法 71
　　　4.3.1　調査対象 71
　　　4.3.2　調査内容・方法 72
　　4.4　結果と考察 73
　　　4.4.1　進路決定について 73
　　　4.4.2　学校生活における目標設定について 76
　　　4.4.3　入学後の満足度 78
　　　4.4.4　特別支援学校高等部で役に立った授業 82
　　4.5　総合考察 83

vii

4.5.1　就学先の自己決定の状況と高等部入学前の在籍学級が
　　　　　学校適応に及ぼす影響 83
　　4.5.2　目標設定から見た学校生活への適応..85
　　4.5.3　満足度の回答から見た学校生活への適応.......................................86
　　4.5.4　特別支援学校高等部における指導の在り方....................................87
　4.6　今後の課題 88

第5章　教科「職業」を中心とした自己理解を促す指導方法の検討
― 特別支援学校高等部における実践研究 ― 89
　5.1　問題提起 89
　5.2　先行研究及び本章の目的 90
　5.3　方法 93
　　5.3.1　対象 93
　　5.3.2　内容及び方法 93
　　　5.3.2.1　学校生活に対する意識調査 95
　　　5.3.2.2　生活面・作業面における自己評価及び他者評価 96
　　　5.3.2.3　「わたしの取扱説明書」..98
　　　5.3.2.4　コミュニケーションの力との関連...99
　5.4　結果と考察 100
　　5.4.1　学校生活に対する意識調査 100
　　　5.4.1.1　就学先の決定 100
　　　5.4.1.2　学校生活における目標設定 100
　　　5.4.1.3　学校生活における生徒の満足度 103
　　5.4.2　生活面・作業面における評価 106
　　5.4.3　「わたしの取扱説明書」..112
　　5.4.4　コミュニケーションの力との関連についての検討 119
　5.5　総合考察 122
　　5.5.1　知的障害者にとっての自己理解の学習 122
　　5.5.2　自己の課題（目標）設定の変化 123
　　5.5.3　他者（教師）評価と自己評価実施の効果.....................................124
　　5.5.4　自己理解の指導内容・方法 127

目　次

終　章　軽度知的障害生徒の自己理解とその支援に関する総合考察 129

6.1　知的障害者の自己決定過程における「自己理解」の位置づけ 129

6.2　知的障害生徒の自己理解とその支援の在り方 132

6.3　特別支援学校高等部における青年期教育の重要性 134

6.4　知的障害者への理解と知的障害教育への意識 136

6.5　まとめと今後の課題 137

資　料 141

資料－1　学校種別に見た職業教育に関わる指導内容（集団指導）

（原田 2009, p.64 より） 141

資料－2　軽度知的障害生徒に対する授業で取り上げるものと

指導が難しいもの（井上 2012, p.65 より） 143

資料－3　インクルーシブ教育に関するアンケート 144

資料－4　学校生活に対する意識調査（第4章及び第5章6月実施） 145

資料－5　学校生活に対する意識調査（第5章2月実施） 146

資料－6　生活面・作業面における評価アンケート（生徒用） 147

資料－7　生活面・作業面における評価表（教師用） 148

資料－8　学習プリント（自己分析をしよう） 150

引用・参考文献 152

あとがき 165

ix

図表目次

〈図〉

図1-1　軽度知的障害生徒の自己理解のイメージ 19

図1-2　障害種別在籍数の推移（特別支援教育資料・文部科学省より作成）..................23

図1-3　知的障害特別支援学校部別在籍数推移（特別支援教育資料・文部科学

省より作成）..23

図2-1　障害種ごとの受入れ可能感（B市小・中学校教師）...36

図2-2　障害種ごとの受入れ可能感（高等学校教師）...37

図2-3　障害種ごとの通常の学級に就学可能感（特別支援学校教師）..........................38

図2-4　経験年数別通常の学級への就学可の回答平均値...40

図2-5　それぞれの教師から見た通常の学級で学ぶ際の問題点......................................41

図4-1　進路先を決定した人...75

図4-2　進路決定に際し相談した相手..75

図4-3　進路先を決定した理由..76

図4-4　学校生活における目標（大カテゴリー別記述数）..78

図4-5　役に立った授業..82

図5-1　進路先決定の理由...100

図5-2　満足度における2要因分散分析結果...104

図5-3　生徒自己評価と教師評価の結果1...108

図5-4　生徒自己評価と教師評価の結果2...108

図5-5　生徒の自己評価における2要因分散分析結果...110

図5-6　教師による評価における2要因分散分析結果...111

図5-7　教師による「人間関係」評価の2要因分散分析結果..120

図5-8　教師による「意思表示」評価の2要因分散分析結果..121

図6-1　自己決定の過程..131

〈表〉

表1-1　「自己」を含んだ概念の定義..17

表1-2　自己概念の内容構成，発達段階...18

表1-3　A校の職業科年間指導計画（2014年度）...26

x

図表目次

表1-4	A校の流通・サービス科年間指導計画（2014年度）	27
表2-1	経験年数別通常の学級への就学可の回答平均値	39
表4-1	意識調査の対象及び属性	72
表4-2	対象者の中学校3年時の在籍学級	72
表4-3	学年別に見た進路先を自己決定した（しなかった）人数	74
表4-4	学校生活における目標内容と記述数	77
表4-5	入学後の満足度（進路を自分で決めた者・自分以外の人が決めた者の比較）	79
表4-6	各学年の満足度の比較（クラスカル・ウォリスの検定結果）	80
表4-7	スティール＝ドゥワス多重比較結果	80
表4-8	入学後の満足の理由（複数回答）	81
表5-1	実践研究の対象	93
表5-2	A校第1学年の職業科年間指導計画（2016年度）	94
表5-3	学校生活における目標分類（6月と2月の比較）	101
表5-4	学校生活における目標の分類（28年度と27年度の1年生の比較）	102
表5-5	時期及び意思決定の違いごとの満足度平均と標準偏差	103
表5-6	満足度に関する反復測定分散分析結果	104
表5-7	入学してよかった（よくなかった）理由	105
表5-8	生活面・作業面における評価点	107
表5-9	1学期末の領域ごとの自己評価と教師評価の差と差によるグループ分類	109
表5-10	生徒の自己評価におけるグループごと，時期ごとの4領域全体の総評価点平均値及び標準偏差	109
表5-11	生徒の自己評価に関する反復測定分散分析結果	110
表5-12	教師による評価におけるグループごと，時期ごとの4領域全体の総評価点平均値及び標準偏差	111
表5-13	教師による評価に関する反復測定分散分析結果	111
表5-14	セルフ取説の記述のまとめ	113
表5-15	単元ごとの教師による生徒の取組に対する評価の平均と分散分析結果	115
表5-16	各単元間の教師による生徒の取組に対する評価の多重比較検定結果	115
表5-17	セルフ取説の記述に対する教師の評価	118
表5-18	コミュニケーションの質問項目に対する自己評価平均と平均の差の検定結果	119
表5-19	教師による「人間関係」の評価平均値及び標準偏差	120
表5-20	教師による「人間関係」評価の反復測定分散分析結果	120
表5-21	教師による「意思表示」の評価平均値及び標準偏差	121

表 5 - 22　教師による「意思表示」評価の反復測定分散分析結果 121

表 5 - 23　生活面・作業面の 4 領域全体の総評価点平均値及び標準偏差 125

序 章

研究の目的及び方法

1 はじめに

　「障害者の権利に関する条約」が 2006 年に国連総会で採択され，2014 年に日本でも批准されたことから，障害者の地域生活への参加や自己決定の重要性が大きく語られるようになった。障害のある人が長い歴史の中で，十分に自分の意見を言うことや，地域社会の中で本人が望む当たり前の生活を送ることが保障されてこなかった経緯を考えると，障害のある人の声に耳を傾け「合理的配慮」を行うことが当然の世の中を目指すことは，非常に重要であり，正しい方向性であることは間違いない。

　しかし，知的障害者が，他の障害の人たちと同様に自分の考えや思いを伝え，それを実現し，地域社会における豊かな生活を築くことはできるのであろうか。知的障害者は，自分が望む必要な配慮を伝えること自体が難しいという課題を抱えている。つまり，自分の不自由さを表現することが難しかったり，他の人と比較して不自由さの内容や程度を認識することが難しかったりする場合があるので，支援に当たっては，その人が望む内容や程度をその都度見極める必要がある。西村 (2014，p.125) は，知的障害者は，「他の障害とは異なり，二重の障害を背負っている」とし，意思伝達が思考能力，判断能力，伝達能力の不十分さという障害特性ゆえにうまくできないという 2 つ目の障害について述べている。

　現在，知的障害者への支援の在り方について研究がなされ，教育・福祉をは

じめ医療・労働の分野において、本人の意思を尊重し、言葉による表現が難しい人に対してもできる限り意思を汲み取るような関わりが重視されてきている。しかし一方で、その支援者の読み取りが本当に本人の意思の反映になっているのか、支援者が本人にとってよかれと思い、決定してしまっていないか、という吟味が必要となってくる。どのようにしたら、知的障害者の思いに沿った地域生活への参加がかなうのかを探っていくことが求められる。そのためには、まず、知的障害者が自分自身についての理解を深め、自分の考えや希望を認識し、支援者はそれを他者に伝えるために必要な支援を検討する必要がある。

また、「自己決定に無謬の価値があるとする結果、自己決定への駆り立てや自分の決めたことに責任を持つことを知的障害のある人たちに求める（西村2014、p.127）」という指摘もあり、知的障害者が主体として地域社会に参加することを追求するあまり、知的障害者の新たな負担を作り出しているとも考えられる。支援する側が、知的障害者に対する施策や支援の在り方は他の障害とは違う方法論による必要があるという認識をもち、知的障害に対して留意すべき事柄について理解しなければならないと考える。

教育の場においては、知的障害のある人たちが、身近な事柄を把握し自分なりの好悪や志向を表現し、それにより行動を決定する機会は、日常生活のあらゆる些細な事柄の中で大事にされ、授業実践に取り入れられてきている。例えば、青年期におけるキャリア教育の視点から渡辺（2014、p.20、pp.66－125）は従来の作業学習の目標（知識や技能の習得、実践的な態度）に加えて、ライフキャリアにつながる目標設定を行うべきとし、静岡県内の特別支援学校における指導・支援の取組を紹介している。三島・篠原（2008、p.50、55）も、神奈川県内の知的障害教育部門をもつ特別支援学校への進路学習実施状況調査の結果から「自分を知ることに関する学習は必要と考えられているが、その取組はまだ組織的でないことが分かった」、「進路先決定の学習や働くことに関する学習に加え、自分を知ることに関する学習も必要と考える共通理解が進んできており、社会参加を進めるという視点の学習も取り組まれている」とまとめている。

しかし、知的障害生徒を対象とした実践報告は少なく、また内容の広がりも十分ではないのが現状である。渡辺（2014、pp.66－125）の報告には実践事例を見ることができるが、作業内容を分析しつまずきが見られる作業内容に対して

序　章　研究の目的及び方法

その人にできる環境を整える工夫や，工程を分かりやすく示す工夫などを丁寧に行うことで，生徒が自分の苦手なこと得意なことを知ったり，うまくやれる経験を通して自信をつけたりすることを目標に取り組まれた報告がなされている。こうした個別の生徒に対応した事例を積み重ねて，指導の方法論を構築していくことは重要と考えられるが，実践の多くは実習や作業学習を行う上での学習内容に限定された「自己理解」に関する報告である。

　高等部段階は，発達段階としては，高橋 (1984, p.134) の言うように「他者，とくに健体児との対比において自らの障害についてもある程度客観視し，これをやはりまだ十分に分化しているわけではないが，これからの生き方とある程度かかわらせて考えていき始める時期」であり，青年期教育の視点から生徒自身の生き方に関わる「自己理解」に広げた指導実践が必要と考える。大久保 (1985, p.9) は，「発達遅滞青年の場合にも，自己を対象化し未来を展望する力は，思春期・青年期においてレベルの相違はあれ育っていくし，それは実践的に追求すべき課題といえる」と指摘している。渡辺の実践事例では，青年期に関わる道徳及び性教育の実践内容を紹介しているが，個別事例として 1 例ずつの報告に留まっている。また，先述の三島・篠原の報告 (p.51) においても，進路学習充実の課題が挙げられているが，「現場実習と日常の学習との関連性強化 (回答校の 70％が回答)」に次いで 2 番目に多く回答された課題として「自己理解を進める学習の推進 (55％)」が挙げられた。これはまだ課題として認識されている段階であることから，今後の実践研究が求められるところである。

2　研究の目的

　本研究では，就労を目指す特別支援学校高等部に在籍する知的障害の程度が比較的軽度な生徒 (以下，軽度知的障害生徒とする) への指導・支援に着目し，知的障害生徒の自己理解とそれを促すための学校における指導・支援の在り方について明らかにすることを目的とする。本研究テーマは，軽度知的障害生徒の特別支援学校在籍数の増加により，学校適応や社会参加に関わる問題が増加している現状がある中，社会的な課題としてニーズの高いものである。

　特別支援学校高等部に在籍する軽度知的障害生徒の多くは，小学校，中学校

を地域の学校で過ごし，幼少期から自分が周りの子どもたちと比べうまくできないことを何度となく感じ経験することで，自分で決定せずに決定を他者に委ね，周りに決められた環境に逆らわずに生活することに慣れた状態で高等部に進学してきている。しかし，特別支援学校高等部に入学すると，彼らが主体となり様々な活動を行う環境がにわかに作り出される。そして，3年後の就労をゴールとした職業教育へと急な舵が切られる。このような環境の変化の中で，学校生活への不適応を示す生徒の問題の解決が課題となっている。井上（2012，p.32，33，182）が報告する平成22年度の調査結果においても，調査に回答した全国443校の特別支援学校では，軽度知的障害生徒の退学者が139名，問題行動は894件報告されており，軽度知的障害生徒の学校適応の問題が指摘されている。

　高等部の時期は，知的障害のある生徒たちにとっても青年期を迎え，庇護からの独立の意識や自己意識も芽生える時期である。この時期にこそ，生徒が自分自身を見つめ，自己を認識できるような働きかけが求められる。自己理解を深めることができるような学習活動を経て，将来への展望をもち意思決定ができるよう支援することが必要だと考える。従来から行われてきた，特別支援学校高等部における社会自立に必要な知識や技能を学習するための指導は，具体的な行動の仕方を身に付けることに重点をおいた形で行われてきた。本研究では，このような職業自立に直結した訓練的な指導ではなく，軽度知的障害生徒が「自分の性格や特性」に目を向け，「自分を知る」すなわち「自己理解」を促す指導を取り入れた実践を行い，軽度知的障害生徒の自己理解の過程やその内容を検討し，特別支援学校高等部に在籍する軽度知的障害生徒の抱える問題性の解決につなげていきたいと考えている。

3　研究の方法

　特別支援学校高等部に在籍する軽度知的障害生徒の「自己理解」について検討するに当たり，まずは，先行研究・調査を基に，軽度知的障害生徒の置かれた現状及び課題について概括し，知的障害者の自己決定及び自己理解とその支援に関する歴史的な背景をまとめておく必要がある。その上で，特別支援学校高

等部における「自己理解」支援の意義について検討する。次に，知的障害に対する教師の理解の現状を，「インクルーシブ教育に関するアンケート」の結果を基に検討し，支援者である教師の意識と，現在課題とされる軽度知的障害生徒の抱える問題性との関連を考える。

　さらに，軽度知的障害生徒の抱える問題性の背景を踏まえつつ特別支援学校高等部に在籍する生徒の事例及び学校生活に対する意識調査結果を報告し，そこから導き出される軽度知的障害生徒の自己理解の在り方について検討する。その後，職業自立を目標とする高等部の教科「職業」における授業実践へと研究を進める。自分や社会，あるいは職業生活に関する様々な情報を知り，行動として身に付けることに重点を置いた従来型の学習だけでなく，生徒自身が考える活動に加え自己評価する活動を取り入れたり，他者である教師の評価と擦り合わせたりしながら，より客観的な自己理解を深められるような学習の機会を設定し実践研究を行い，軽度知的障害生徒の自己理解の在り方やその支援方法を検討する。

　本研究の方法としては，以上のように事例研究及び実践研究の方法論を中心としている。この方法論は，障害児教育及び臨床心理学等の分野の研究においては中心的な研究方法であり，先行研究の多くにもこの方法がとられてきた。この方法論のエビデンスや理論的枠組みを疑問視されることもあるが，古賀（2012，pp.2－3）は，学問的厳密性と目的適合性／有用性の対立をあげ，「理論的には優れているのかもしれないが，実践の役には立たない」研究ではなく，その現場で役に立つ「目のつけどころ」や「勘所」のような「暗黙知」に着目する事例研究の意義について述べている。野田（2014，p.53）も，事例研究が研究方法として「曖昧さ」を持つ故に利用価値の高いものになっていると述べている。しかし，野田は事例研究に何らかの尺度を取り入れることの有効性についても述べており，そのことにより事例を客観的に理解する視点をもつ努力も必要であると考える。本研究においては，事例研究や実践研究に加えて，実践を評価する視点を取り入れることを試みた。事例や実践に何らかの尺度を取り入れて，より客観性を目指すという考え方は，教科開発学分野における研究には，必要な視点であると考えている。先述の古賀は，研究者が実務家に学を語るという時代ではない，研究者と実務家の対話が期待される時代，と述べているが，教

科開発学分野における研究を行うにあたっては，研究者の視点を持ちながら実践場面で役に立つ研究を行うことが重要だと考える。

　次に，論文の構成と共に章ごとの具体的な研究方法について述べる。

　第1章では，研究の背景として，まず，知的障害者の自立，自己決定，自己理解に関するこれまでの研究動向を，先行研究・調査を基にまとめ，次に現状把握として，特別支援学校高等部在籍生徒数の増加と教育上の課題，特別支援学校高等部軽度知的障害生徒に対する職業教育に関する課題について論ずる。

　第2章では，軽度知的障害生徒の置かれた教育環境を確認する上で，小・中学校及び高等学校，特別支援学校の教師の知的障害に対する障害の理解及び意識について検討する。ノーマライゼーションの考え方の浸透と，障害に対する理解との間の葛藤や矛盾を確認した上で，第3章以降の軽度知的障害生徒の指導の在り方の研究へと進めていきたいと考える。検討に当たっては，小・中学校及び高等学校，特別支援学校の教師に実施した「インクルーシブ教育に関するアンケート」結果を活用する。

　第3章では，学校適応に困難を示す軽度知的障害生徒が教師との関係性の中において自己を見つめ，将来に向けて現状の問題を自分なりに考え解決する事例を2例報告する。事例に対応するにあたり個別面接など個別の支援を行ったが，その中で現れる事例ごとに異なる要因やプロセスの中で学校適応の状況の変化を記述し，軽度知的障害生徒の自己理解の特徴を検討する。その結果を第5章の軽度知的障害生徒に対する自己理解を促す支援・指導の在り方の研究へとつなげ，検討する。

　第4章では，特別支援学校高等部に在籍する軽度知的障害生徒78名を対象に，学校生活に関する意識調査を行い，進学時に就学先を自分で決めた生徒とそうでない生徒のその後の学校生活の適応状況への影響を調査結果から検討する。また，自己理解の視点から1年生から3年生への意識の変化について考察する。

　第5章では，高等部入学後の1年間における教科「職業」における「自己理解」を促す指導・支援を実践し，結果を考察する。ここでは，単に授業の実践報告ではなく，1年間の授業実践を通して生徒たちの自己理解がどのように行われたか，また，自己理解は促進したかどうかといった観点で報告を行う。

序　章　研究の目的及び方法

　具体的には，「職業」の授業実践と共に，

① 第4章で行った意識調査と同様のものを学習の事前事後で実施し，生徒の学校生活への意識の変化について考察する。

② 生活面・作業面における行動や姿勢・態度を評価する項目を作成し，その項目に沿って生徒の自己評価及び教師による生徒評価（他者評価）を学習の事前事後に実施して，その変化を検討する。

③「自分を知る」内容の単元を設定し，その中で自分自身の特性を知り，支援してもらいたい内容などを相手に伝える学習活動を行う。生徒の記述内容をもとに知的障害生徒の自己理解について考察を行う。

④ 自己理解とコミュニケーションの力との関連について，生徒の自己評価及び他者(教師)評価の結果から考察する。

　以上のように，本研究では，実験群・統制群の群間比較法をとってはいないが，対象者内の比較及び他者評価を加え，実践をより多面的に考察する方法を工夫して研究を進める。

　終章では，研究結果から，軽度知的障害生徒を対象とした特別支援学校高等部における軽度知的障害生徒の自己理解を促す指導内容，方法について総合的に考察し，研究成果をまとめる。また，本研究を通して軽度知的障害生徒の青年期教育の在り方と，そのために必要な自己理解を促す指導の在り方に重点をおいて考察を深め，今後の課題について述べる。

第1章

研究の背景

1.1　知的障害者の自立と自己決定の考え方

　障害者の自立生活への動きの始まりとしては，1970年代のアメリカにおける身体障害者による脱施設化の動きに代表される自立生活運動が挙げられる。日本においても1970年代には当事者運動が起こり，障害者の地域生活や自立に関する試みが始められた（中西2003，pp.2-4）。それまで「一人では何もできない，保護される対象」とされてきた障害者の「自己選択・自己決定」が重要視されるようになった。しかし，児島（2002，pp.223-227）は，「自己決定する自立」が強調された結果，本人の条件を含め条件整備がなされていない状況での「自己決定至上主義」には，誤認や駆り立てが生じたと指摘している。すなわち，施設から地域に移るということだけに目が向けられ，それさえ実現すれば生活の満足度を高め，自己実現を図ることにつながるという誤認やそのための駆り立てがあったということである。実際，施設を出たために生活上の支援を受けられなくなってしまい，逆に困窮した障害者も出たようである。

　これは，身体障害者から始まった運動であるが，10年ほど遅れ，日本では1980年代に入ると知的障害者の「自己決定」について論じられるようになった（古屋・三谷2004，p.42）。それ以前の脱施設化の反省から，施設を出て地域で生活するといった形としての成果を重視するよりも，一人一人の障害者が個々の状況に合わせ行う，本人の「自己選択・自己決定」が重要とされるようになった。知的障害のある人自身が物事を決めていくという考え方は1960年

9

代後半から欧米で徐々に生まれ，1990年代には我が国においても当事者活動（本人活動）として展開されるようになった（保積2007，p.12）。ノーマライゼーションの考え方のもと，当時者の参加，自己決定という一連の流れが位置づけられてきたのである。知的障害のある青年たちによる「仕事や，暮らしなどの自分たちの問題を自分たちで話し合っていく会をつくりたい」という動きは，次第に全国的に仲間と交流するなど広がりを見せてきた（本間2000，pp.117-119）。この動きを「人が生きるうえでの社会的な自己表現」として受け止め，当事者の「生きる力」（＝意欲，希望など）を支え，その力の維持・増強を図ること（＝エンパワメント）が自己決定の支援（上田2000，p.19，20，83）と考えられるようになった。知的障害者のエンパワメント実践としてのセルフアドボカシー運動は，1991年の「手をつなぐ育成会」の全国大会の分科会で，最初の本人たちによるセルフアドボカシーグループが結成されたことから始まる（津田2005，p.60）。現在，セルフアドボカシー運動は，日常的な余暇活動などを行うグループ活動から，政治的な活動まで幅広く展開されている。

　しかし，一方で，知的障害者の「自己決定」を考えるとき，知的障害者自身が様々な情報を自ら得て，的確な判断・決定をするということが困難であろうことは自明のことである。そのため，知的障害のある人には自己決定することができない（自己決定を奨励し，進めようとする立場の人でさえもときには感じるであろう）という考えが根強く残り，「知的障害者のニーズは，保護者，施設職員，教員，その他専門家などによって代弁せざるを得ないかのように考えられ過ぎてきた」（保積2007，p.11）ことも事実である。現在，知的障害者の自立と自己決定を目指し，各地で様々な本人活動が生まれ展開されるようになったが，保積（2007，p.19）は「重要なことは，それが『支援』されていること」だと指摘する。さらに，「重要なことは当事者を支える支援者の有り様であり，当事者の思いを尊重し，支え，協働といった役割を担う必要がある」と言っている。セルフアドボカシー運動では，障害のある人の当事者性が中心に据えられなければならないが，しかしそれをサポートする支援者なしに行うことはできず，支援者と本人の関係や支援者の役割が問題となる。知的障害者の自己決定を実現するために支援者には，本人活動のような社会的運動の場面だけでなく，現実の生活場面においても，日常のささやかな事柄に多様な選択の余地を作り，

第 1 章　研究の背景

細かな分かりやすい情報提供を行い，対等な関係性を構築できるよう環境整備を行うことが求められる。

　このような流れの中，学校の指導においても，自己決定の機会を取り入れられるようになってきている。知的障害者は，いわゆる開かれた質問に対し答えを導き出すことが難しいとされることから，「はい」，「いいえ」で答えられるような閉じられた質問で意思を確認したり，支援者が設定した選択肢を示し，選択させたりすることが指導・支援の多くの場で見られるようになった。ただ，これまで報告されている自己決定を視野に入れた教育実践は，給食時に何から食べるか順番を決めたり，2 つか 3 つ示された係から自分のやりたい係を選んだり，作業の内容ややる順番を選択したりするなど，限られた範囲の，生活の中で繰り返されることの多い「ルーチン化され，形骸化された自己決定」（手島 2002, pp.155 - 156）であり，これは自己決定することを「自分で決める」という単一の行為として捉えられがちな状況と言える。支援者が場面ごとの狭い範囲で設定した選択肢から「選ぶ」ということのみが，果たして知的障害者自身の「自己決定」と呼べるものかどうかを検討する必要があるのではないかと考える。

　松田・二階堂・福森（2007, pp.196 - 200）は，「知的障害生徒の『自己決定』に向けての支援に関する研究」の中で，生徒が「選択する」ための選択肢の提示の工夫を行い，主体的な選択を促す取組を報告している。確かに自分が選択するということによって，その後の活動への意欲付けができるという成果が期待できるという点では評価ができる。しかし，やはりここでも，支援者が整えた選択肢の範囲においてなされた行為を「自己決定」や「選択」と捉えていると言える。このように先行研究に見られる自己決定を取り上げた教育実践の多くは，障害者自身がその場の状況から選択肢を設定し意思決定するのではなく，支援者から示されたいくつかの選択肢から選ぶという行動・行為を導くことに重点がおかれたものであった。それは，行動・行為のスキルを身に付けるための学習に偏った自己決定支援と考えられる。

　手島（2003, pp.247 - 249）は，アメリカ合衆国の障害児教育における自己決定の定義は自己決定を行うためのスキルを主要な要素とするものが少なくないとし，そのスキルについて，次の 4 点にまとめている。①選択スキルや問題解決スキル等の自己決定の実行にかかわるスキル，②自己観察スキルや自己評価

スキル等の実行した自己決定の評価にかかわるスキル，③自分自身の権利を擁護するためのセルフアドボカシースキル，④自己知識や自己効力感等の自分自身に関する知識とそれを基礎とする肯定的な自己認識のスキルである。ここで言うスキルには，「自己知識や自己効力感等の自分自身に関する知識」及び「肯定的な自己認識」のスキルを含む広範なものであり，現在，日本の学校で実践されているものとは異なる。教育実践で多く見られる「自己決定」を促す指導は手島が報告した上記①に挙げられた「実行にかかわるスキル」を指すものである。また，手島は，自己決定を①自分自身を知る，②自分自身を尊重する，③計画する，④行動する，⑤成果を経験する・学習するという一連のプロセスとして捉えた Field & Hoffman モデルや，自己決定を個人と環境の相互作用の副産物と捉える Abery モデル，自己決定の育成に向けた教師の役割を明確にするために作成された Wehmeyer モデルを紹介している。自己決定を行うためには上記に示したようなスキルが必要とされ定義されている。いずれもスキルの中には，自分自身を知り，尊重し，行為の結果を評価するなどのことが含まれるものである。

　知的障害者が自己決定するというときに，それが単一の行動・行為を指すに留まるのではなく，自らの生活や将来についての意思を示し，その結果を引き受けるものとするためには，どのようなことが求められるのか。筆者は，周りが示してくれた選択肢に乗じて「選択する」ということだけではなく，本人が選択肢の設定に関与することや，選択することがその後の本人の生活に影響し価値をもたらすことが重要だと考える。そのためには知的障害者自身が周りの物事や環境を把握し，その上で「選択する」行為をしてこそ，意思決定することにつながると考えている。それに関連して，小島（2013, p.301）は，中学部や高等部においても進路支援場面といった「時間軸」の拡大は認められるものの，「対人関係性」の観点を考慮した自己決定力を育む支援は少ないとして，他者との関係性や情報活用力を育むための計画的体系的な取組の必要性について述べている。「自己選択する・決定する」というときには，その行為のみに目を向けるのではなく，まずは自己理解を深め，周りの事柄と自分との関係性を育み，その上で自らの生活や将来への展望をもち，決定するという自己の広がりの中で捉えることが必要だと考える。

1.2 知的障害者に対する自己決定支援と自己理解

1.2.1 自己決定支援を行う支援者の関わりの在リ方

　知的障害者の自己決定，またそのための自己理解をどのように支援するとよいか，が本研究の注目点である。これまで知的障害者自身が自己決定する機会を十分与えられてこなかったとする立場から西村（2005a, pp.80-81）は，援助者は常に知的障害児・者よりも優位な立場にあり，「あなたの為」というパターナリズムにより実定的な方法を見つけてはそれに当てはめようとしてきたと問題を指摘する。それは支援者による善意の行為であり，支援者自身は対等な立場に立つ支援を行ってきたつもりの行為であるにもかかわらず，知的障害者の思いを封じることにつながっていたのではないか，という指摘である。知的障害者自身も，周囲の大人が決めたことに従うことに慣らされてしまい，自分で決めるという意識がなかったり，また，失敗を繰り返してきた過去の経験から自分で決めない方がよい，と決定を他人に委ねてしまったりする人も多い。田中（2003, p.321）は，ジグラーら発達論者が言及した精神遅滞児の行動特性である外的指向性について，弁別課題遂行の実験を行いMA（精神年齢）による外的指向性の推移を検討している。その結果，低MA及び中MAとの比較において高MAレベルの外的指向性の程度が高い結果が得られ，失敗経験による自信喪失（欠如）の状態は高MAすなわち軽度知的障害者の方がより深刻であることを指摘した。以上のように，知的障害者の自己決定が十分なされてこなかった背景には，その生育史の中で形作られた本人の外的指向性と支援者のパターナリズムの双方からの影響があることを考え合わせ，支援について検討する必要があることが認識できる。

　また，近年の知的障害者等への「意思決定支援」の概念の導入について，柴田（2012, pp.270-271）は，保護の客体から権利の主体への価値観の根本的な変革であるとし，意思決定支援に当たっては，支援者が代行決定するのではなく，あくまでも本人が決定するための支援を行うことの重要性を挙げているが，その際に「本人が決めたことだから」と放置して本人が不利益を被ることのないよう，失敗を許容しつつも，本人の大きな損害を回避できるような情報提供などの支援は必要と述べている。さらに，本人と支援者の間の閉じられた関係では

なく，社会関係のなかに位置付け，開かれた関係としていくことが重要であることも指摘している。

　さらに，支援者の関わり方については，ベンクト・ニィリエ（1998，p.75）は，「知的障害のある人とかかわる人々は，二重の役割を演じなくてはならない」と言っている。これは，知的障害という障害のために特別に必要な情報提供や支援を行いつつ，他方では通常の成人と同じように尊重し，自己概念や人としての意識を高めるように援助しなければならないということである。序章で西村（2014）が指摘した「二重の障害」に対する対応につながるものと言えよう。寺本（2000，p.7）は『自己決定と支援の境界』の中で，支援者が当事者を支配してしまいかねない支援に伴う問題について「自己決定＝善，介入＝悪」という図式でとらえるのではなく，支援における様々な困難を前提としつつ，自己決定における他者の関与においてその関係性の在り方や位置を検証し明らかにしていくことを提案している。さらに，津田（2005，p.67）は，知的障害のある人たちの表現を解釈しようとする人は，表現者に対して優位であることが多いが，解釈する者が表現者から学ぶ姿勢があるときに，はじめて知的障害のある人たちの表現を解釈することができる，と述べている。以上のことから，知的障害者に対する自己決定支援がうまく進められるかどうかは，当事者と支援者の関係性に依存することが大きいということが言える。

1.2.2　自己決定のための知的障害者自身の「学習」に関する知見

　手島・吉利（2001，p.215）は日本における知的障害者の自己決定に関する研究動向を報告しているが，その中で，これまでの自己決定のための取組は「支援」に偏っていたことが明らかになったと指摘する。知的障害者がよりよい自己決定を行うためには，支援者が自己決定を支援するということだけでなく，知的障害者自身の「学習」に焦点を当てた研究が必要というのである。知的障害者が，失敗体験や支援者との関係性の中で決定することから身を引いてしまうこと（外的指向性）から脱却し，自己決定に向かうためには，自分の置かれた状況や自分自身についての理解を深め自分なりの判断や選択が行えることが前提となり，そのための学習が必要となる。

　次に，知的障害者自身の「学習」を進めていくに当たり，認識しておくべき知

第1章　研究の背景

的障害者の特性や自己理解に関する特徴的な事項，またその支援に関わる内容についてまとめる。ジグラー・ゲイツ（2000，pp.65-66）が，知的障害者の自己理解に関連して，知的障害者は健常者よりポジティブな自己像をもちにくく，IQとMAが高い人ほどポジティブな現実の自己像をもちやすいと述べている。また，清水（1999，p.296）により，調査対象の知的障害者の75.0%が学校時代のいじめや失敗の体験から，自分の能力不足や知的障害を認めているが，障害認識がありながらもその35.6%の者は心理的不適応を示し，自己受容が困難であったと報告されている。知的障害児は，多くの失敗経験をすることにより，低い目標を定めたり，目標すらもたなくなったりすることがあり，健常児よりも，学習性無力感に陥りやすい（ジグラー・ゲイツ2000，p.245）とも言われる。先述の手島・吉利（2001，p.212）の研究動向の報告の中にも，具体的な学習及び支援の場面で自己を否定的に評価している知的障害者への対応が特に問題とされており，その解決の方法として「受容的なカウンセリング的対応」やスウェーデンにおける本人同士の話合いの取組などが紹介されている。

　しかし一方で，吉田（2004，p.3）の研究においては，知的障害者は健常児よりも困難を無力的に認知しているとは言えず，むしろ健常児の方が無力的認知を多くするという調査結果を報告している。この知的障害者の無力的認知の少なさは，教育環境のなかで知的障害児が失敗から守られており，健常児と比較するとむしろ，「困難を制御できない」という経験をすることが少ないためと言えるかもしれない，としている。また，知的障害者は同年齢の健常者に比べると，より外罰的かつ場面限定的にその失敗を捉える者が多いため，その失敗が他の場面に般化しにくく，次の失敗を予測するものになっていないのかもしれない，と考察している。以上のように，知的障害者の示すとされてきた学習性無力感に関しては相反する研究結果が示されたが，これは個々の知的障害者が置かれた環境や生育史の中における失敗経験の頻度や程度等の影響が結果に反映されるものと考えられる。今後，知的障害者の支援を行う際には，両方のタイプが存在する可能性があることを念頭に入れた支援を検討することが必要になろう。

　阿部・廣瀬（2008，p.58）は，安心，自信，自己肯定感の低い軽度知的障害児の行動観察及び支援記録の検討から指導経過及び結果を報告している。そこで

15

は軽度知的障害児の安心，自信，自己肯定感の獲得には，本人が自分の情緒の状態を客観的に理解し，どのように振る舞うのが適切なのかを理解し，その振る舞い方をおぼえることによって自信を持てるようにすることが必要とされている。しかしながら，軽度知的障害児は，その障害特質故に自ら自分自身を客観的に評価し，振る舞い方を学び取ることは難しいことから，教師が支援方法を開発し，活動を意図的に設定することが必要とも述べられている。また，不適応行動を改善し，児童が安心，自信，自己肯定感を獲得し適応的な行動の出現を図るための支援方法の開発の視点として，①行動観察しながら評価・フィードバックできるシステムを作ること，②質の異なる支援を組み合わせて総合的に支援を行うことの2点を示している（p.65 - 66）。以上のことは，教師や支援者は，知的障害者のポジティブな自己像形成を促すための適切な情報提供と自己理解が図れる場面や活動の設定を意図的に行い，本人にとって達成感のある生活を送ることができるような環境を整え，実践を進めることが重要であることを確認するものである。

1.2.3 軽度知的障害生徒の「自己理解」とは

　ここで，改めて本研究で扱う軽度知的障害生徒の「自己理解」について，健常者に関する研究も参考としながら定義しておく。

　先行研究には，「自己理解」と類義した，自己意識や自己概念，自己認識，自己知識などの語が見られる。青木（2009, pp.1 - 2）が『自己理解に関する文献研究』の中で，それぞれの語の定義を『臨床心理学講義（杉浦京子，2002）』や『心理測定尺度集Ⅰ（山本真理子，2002）』及び『日本国語大辞典 WEB 版』を引用して紹介しているので，青木の記述をもとに表を作成して示した（**表 1 - 1**）。青木もまた自己理解に着目して研究を進めているが，「自己理解を深めることは，自分を正しく理解することに他ならず，（中略）自己概念，自己意識等の概念を人がより明確に獲得していく過程を促進する働きを持ち合わせていると考えている」と述べている。前述の手島・吉利（2001, p.212）も研究動向から，知的障害者の「障害の自己認識」を①障害の理解（認識），②障害の受容（適応）の二段階で捉えることが多いことを報告しているが，それはただ「知る」「分かる」ということだけでなく，「自己認識」に至るには，それを受容した上でどう行動するか

第 1 章　研究の背景

表 1 - 1　「自己」を含んだ概念の定義

（青木 2009，pp.1 - 2 をもとに表を作成）

「自己」を含んだ概念	意味・定義	出　典
自 己 理 解	他者との関係で，今，自分の内面に生起している感情をありのままに意識し，さらに，自分の性格傾向や考え方について知り，自分に対する理解を深める	臨床心理学講義 杉浦京子(2002)
自 己 概 念	人が様々な社会的経験を通して，自分に対する知識を蓄積し構造化していく際に，自分に対して持つ知識の総体	心理測定尺度集Ⅰ 山本真理子(2002)
自 己 知 識	自己概念よりも包括的に，過去の思い出や将来の姿の予想なども含めた知識	心理測定尺度集Ⅰ 山本真理子(2002)
自 己 意 識	外的事物や他者と区別された自分自身であるという意識，また自己の本性や能力，およびその限界についての認識	日本国語大辞典 WEB 版
自 己 認 識	自己をはっきり知り，その意義を正しく理解すること	日本国語大辞典 WEB 版

という術をもつことをも含んでいると理解できる。本研究においては青木，手島・吉利を参考にし，「自己理解」を軽度知的障害生徒が他者や事物との関係性において，そこに生起するありのままの自己の感情の認識を含む自分自身の性格傾向や特性を知り，さらに意識したり認識したりするだけでなく，自分にふさわしい生き方や行動を理解することと定義し，その支援の在り方について研究を進めることとする。

　小島（2007，p.14）は，知的障害児の自己に関する研究は大きく 5 つの領域で取り組まれてきたとしている。1 つ目は「主体としての自己」を扱った「自我」の研究。2 つ目は「客体としての自己」のうち自己の認知的側面を扱った研究であり，自己概念，自己理解，自己像，自己認知などの用語が使われる。3 つ目は「客体としての自己」のうち自己の評価的側面を扱った研究で，自己評価，自尊心，自己能力評価などの用語が使われる。4 つ目は，行動にかかわる自己の機能的側面を扱った研究で，自己制御，自己調節，自己管理などの用語が使われる。5 つ目は，自己決定に関する研究である。さらに，小島（pp.23 - 24）は教育・支援の取組としては上記の「客体としての自己」の自己概念あるいは自己評

価の領域と行動のスキル獲得支援の2つのアプローチがある，としている。特に，小島が研究課題としている自己概念あるいは自己評価の教育・支援の取組につなげるためには，まず子どもの自己概念がどの程度発達しているか実態把握を行う必要があり，そのために知的障害児の自己概念の発達段階を仮説的に示している。

梶田（1985，p.49）もまた，自己意識・自己概念を構成する基本カテゴリーとして，「10. 自己の現状の認識と規定」，「20. 自己への感情と評価」，「30. 他者から見られていると思う自己」，「40. 過去の自己についてのイメージ」，「50. 自己の可能性・志向のイメージ」の5つを挙げている。梶田は健常児を対象とした研究であるが，両者の考える自己概念の発達には類似が見られる。**表1-2**には，梶田（p.49，第1表）および小島（p.24，**表1-1**）より自己概念について記述されている部分を抜粋して表を作成し，示した。また，類似した内容の範囲を破線により示した。

表1-2 自己概念の内容構成，発達段階

（梶田 1985，p.49 及び小島 2007，p.24 より一部抜粋して作成）

自己意識・自己概念の内容を構成するもの 基本カテゴリー（梶田 1985，p.49 より）		知的障害児の自己概念の発達段階 （小島 2007，p.24 より）
10. 自己の現状の認識と規定	11. 気分・体調の把握	自分の名前について認識している
	12. 感情的思考	自分の身近な持ち物と他人の持ち物の区別ができる
	13. 自己規定	
20. 自己への感情と評価	21. 自負，プライド	自分の性別，年齢についての理解がある
	22. 優越感，劣等感	
	23. 自己受容	自分の好きなこと，など限られた内面についての理解がある
30. 他者から見られていると思う自己	31. 他者からのイメージと規定の把握	自分のいいところ，悪いところといった多様な内面についての理解がある
	32. 他者からの感情と評価の把握	
40. 過去の自己についてのイメージ	41. 過去の体験と事実	自分自身のことを過去の自分，いまの自分，未来の自分といった時間軸で捉えることができる
	42. 自己の過去への感情	
50. 自己の可能性・志向性のイメージ	51. 可能性の予測・確信	過去や今の自分を見つめ，理想の自己像などを説明することができる
	52. 予定のイメージ	
	53. 意思・意図のイメージ	
	54. 当為のイメージ	
	55. 願望のイメージ	

第1章　研究の背景

　小島及び梶田は自己概念という語を使用しているが，本研究における生徒の自己理解の内容や段階を把握するためには有用であると考える。本研究では，梶田の言う10から30までのカテゴリーの内容，小島の言う「自分の好きなこと，など限られた内面について理解がある」と「自分のいいところ，悪いところといった多様な内面についての理解がある」の内容及び段階を「自己理解」の中心において，軽度知的障害生徒の自己理解を深めるための支援を検討する。また，そこに他者の評価を得てさらに自己理解の深化と客観性を求めていく。自己理解が深まることで，過去あるいは将来の自分・理想の自己へと時間軸の拡がりも想定できると考える。以下に，梶田と小島を参考に，本研究で扱う軽度知的障害生徒の「自己理解」のイメージを図に示した（図1-1）。

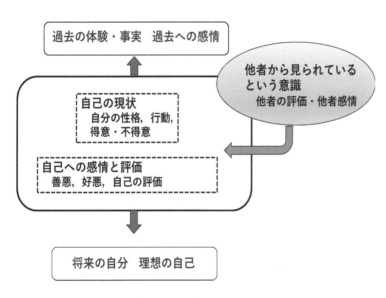

図1-1　軽度知的障害生徒の自己理解のイメージ

　手島・吉利（2001, p.213）は，障害の自己認識を促す方法について，支援との関連において知的障害者が自分をどのように認識するかということの十分な実践・検討がなされておらず，今後の課題としており，障害者がどのような過程を経て望ましい自己認識を獲得することができるのかを明らかにする必要が

あると述べているが，それは本研究の方向性とも一致するものと考える。

1.3 特別支援学校高等部における軽度知的障害生徒の青年期教育としての「自己理解」支援の必要性

　特別支援学校高等部における軽度知的障害生徒の増加に伴い，生徒指導上の課題も多く見られるようになった。井上（2010，p.184）の調査において，全国の特別支援学校から回答のあった軽度知的障害生徒に特に多く見られる生徒指導上の課題としては，「不登校」が最も多く，次いで「不健全な異性との交遊」，「精神症状」と続いている。こうした生徒指導上の課題の解決のためには，一人一人の状況を把握し，それぞれの生徒にとって目的意識と達成感・充実感がもてるような学校生活を目指すことが重要である。

　大久保（1985，p.7）は，「青年期は障害者自身の生き方と関わらせて，社会的諸関係の中での自己の確認とその位置づけの認識，社会的自立に必要な諸能力・人格の発達とそのための学習の組織への自覚，そして自立を阻害する社会的諸矛盾への能動的働きかけという，障害を対象化しそれに主体的に関わろうとする時期であり，こうした障害青年の自己教育の過程が主権者としての主体形成においてたいせつ（ママ）になってくる」と述べている。また，小島（2016，p.53）も，「青年期では，確固たる自分，自分らしさを抱けるよう支援していくことが重要であり，そのためには自分に対して肯定的なイメージを抱くことはもちろん，多面的な自己理解，さらには困ったときの対応方法を理解しておくことが重要」と述べている。

　青年期にある高等部段階の生徒に対しては，発達の視座をもって思春期・青年期における自己の確立という課題に向き合い，卒業後の社会自立や職業自立を図るための自己決定ができることを目指すための指導が求められている。青年期特有の不適応を呈する生徒には特に，個別に生徒が自分自身を見つめ自己理解を深め，自分自身の生き方を見い出し自己決定する過程に寄り添う関わりが必要である。また，教育活動の中で，生徒が，自分自身の特性の理解や職業適性の理解など将来の生活に関わる自己を理解する学習を設定することが重要であると考える。

しかし一方で，高等部の教育の現状においては教師側にも問題があり，細渕（2000, p.20）は，「（教師たちは）高等部を職業生活への移行期と認識している」が，青年期は自己を意識し，確立していく時期であるため，一面的な職業態度・姿勢作りだけでは，「ひとりの青年としてたくましく社会参加していく主体形成の課題がすっぽりと抜け落ちてしまう」と指摘している。特別支援学校高等部において職業自立は重要な課題ではあるが，それに加えて生徒の青年期の人格形成の重要な時期の教育を担う自覚と責任をもって，特別支援学校高等部の教育を再検討することが必要であると考える。

原・緒方（2004, p.40, 42）も生徒の主体的な選択・決定の重視や進路学習，移行支援の実際は，まだまだ理念の世界にあり，現実の学校現場や教師間の認識の格差があまりにも大きいとの指摘もある，と述べ，今後「将来設計に関する学習」「自己理解に関する学習」を行うための情報提供支援や実践的学習方法，様々なアセスメントの活用と工夫の必要性を指摘している。

原・緒方（2004, p.69）はまた，進路学習を自分の進路先や将来の生活について自ら積極的に考えることを支援する学習と位置づけ，高校生になった最初の時点である1年生において「自己理解・将来設計」の内容の授業実践を紹介している。実践の結果として，自己チェック表や生活チェック表などのワークシートを活用することで，1年生には難しいと考えられた自己理解の学習に生徒たちは積極的に取り組むことができたと「生徒の学習意欲向上」の成果を報告しているが，それ以上の実践の成果や評価についての報告はされていない。また，教師の意識の変化については，生徒の意見を重視するようになってきたとあるが，進路先決定に生徒の意見が反映されにくい状況は続いており，さらに，生徒の実態が多様であることから担任の指導上の難しさも報告されていた。これまで，いくつかの進路学習の実践報告がある（井上 2012, pp.108 - 164；大谷 2013, pp.80 - 88；渡辺 2014, pp.66 - 125 など）が，生徒の自己理解がどのように進んだかを検討した報告や，それを評価した報告は見当たらない。また，生徒自身が自己を見つめ評価するといった取組もなされていない。今後は，授業実践における生徒自身の自己評価を取り入れながら実践の成果を確認することが必要であるし，教師も自身の授業実践を評価しつつ生徒がどのように自己理解を深めていったかを検討し，自己理解を促すための指導内容や方法を開発

することが求められる。

1.4　特別支援学校高等部在籍生徒数の増加による教育上の課題

　本節では，現在，軽度知的障害生徒の置かれた状況を概括し，問題の所在を明らかにする。

　少子化に伴い児童生徒数が減少する中，特別支援学校の在籍児童生徒数は増加している。特別支援教育が始まった平成19年から平成27年までの障害種別ごとの特別支援学校在籍児童生徒数の推移を**図1‐2**に示したが，知的障害特別支援学校の在籍生徒数の増加が著しい。とりわけ，高等部の在籍生徒数の増加が特に著しく（**図1‐3**），その要因の1つとして，軽度知的障害生徒の就学が増えてきていることが挙げられる。

　井上（2010, p.22）は，平成21年度情報交換資料をもとに全国の特別支援学校（知的障害教育校）に在籍する療育手帳[1]種別在籍児童生徒数を報告している。それによると，小学部の最重度・重度の児童生徒数は約12,200人，中学部が約9,900人，高等部約11,700人であり，中度がそれぞれ約5,300人，約4,400人，約11,500人，軽度と手帳なしがそれぞれ約1,800人，約2,000人，約12,300人である。この報告から，中度障害の生徒が，高等部には小・中学部の2倍以上，軽度障害の生徒が，小・中学部の6倍以上在籍することが分かる。高等部から特別支援学校高等部に入学する軽度障害の生徒の割合が非常に高い現状がある。

　この児童生徒数増加の要因について，井上（2010, pp.91‐95, p.104）の報告では，診断基準の拡大や各種福祉サービスの充実，特別支援教育，特別支援学校に対する保護者の意識の変化等を挙げている。また，高等部生徒の増加については，まもなく日本においても高等学校における通級による指導が開始され

1）**療育手帳**　知的障害児・者への援助措置を受けやすくするため，児童相談所又は知的障害者更生相談所において知的障害であると判定されたものに対して，都道府県知事又は指定都市市長が交付する。各自治体の障害の程度及び判定基準によって3段階または4段階などに定められた区分の手帳が交付される。障害の程度の判定に用いられるIQ値の目安の例を示すと，最重度：20以下，重度：21から35まで，中度：36から50まで，軽度：51から75までなどである。

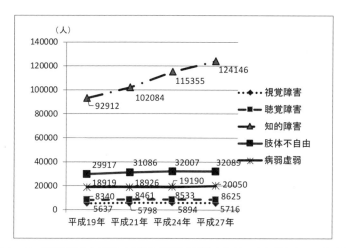

図1-2 障害種別在籍数の推移（特別支援教育資料・文部科学省より作成）

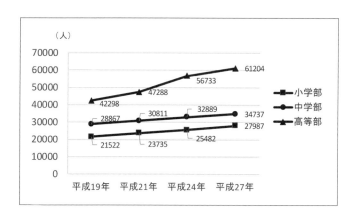

図1-3 知的障害特別支援学校部別在籍数推移（特別支援教育資料・文部科学省より作成）

ようとはしているが，現在はまだ，いくつかの諸外国のように通級指導教室や特別学級（日本では特別支援学級）が高等学校に設置されていないことから，中学校の特別支援学級に在籍していた生徒や通常の学級に在籍していた発達障害等の生徒にとっては，特別支援学校が主な就学先となっている現状があるため

と考えられる。

　また，井上（2010，p.104）は，高等部における軽度知的障害のある生徒の増加の状況を考えると，彼らの卒業後を見据え，社会的及び職業的自立の促進を踏まえた教育的対応の検討を行う必要を指摘しており，井上（2012，p.37）の報告においても，特別支援学校高等部軽度知的障害生徒の増加について「軽度の児童生徒の高等部在籍割合は 33.6% を占め」「軽度知的障害のある生徒のための教育的ニーズは高い」とされている。しかし，軽度知的障害生徒への対応の必要性が認められる中，「軽度知的障害」のみを対象とした論文・文献はほとんど見られず，軽度知的障害生徒に対する教育についての研究は空白状態である（井上 2012，p.7）とも指摘されている。以上のことから，軽度知的障害生徒に対する指導の在り方を検討することが，現在重要な課題となっている。

1.5　特別支援学校高等部における軽度知的障害生徒に対する職業教育の現状

　現行（平成 21 年 12 月告示）の特別支援学校学習指導要領解説総則編第 5 章，知的障害者である生徒に対する教育を行う特別支援学校高等部の各教科には，「知的障害の特徴及び学習上の特性等を踏まえ，生徒が自立し社会参加するために必要な知識や技能，態度などを身に付けることを重視し…」と書かれている。また，特に，高等部における軽度知的障害生徒に対する教育の中で，社会自立・職業自立を目指して力を入れているのが「作業学習」及び「職業」の授業であるが，学習指導要領解説では，「作業学習は，作業活動を学習活動の中心にしながら，生徒の働く意欲を培い，将来の職業生活や社会自立に必要な事柄を総合的に学習するものである」とあり，職業科の意義については「働く力や生活する力などを確実に身に付けるようにするためには，職業生活を営む上で必要な具体的な内容を主体的に学習できるように工夫すると共に，実習を中心に指導する必要がある」とされている。つまり，将来の職業や社会生活に必要な事柄を身に付けるために設定された学習場面の中で，具体的に経験したことを理解し身に付けることが教育の中心と考えられている。生徒自身が自分の将来を展望し，職業について考え，判断し決定する内容は，まだ十分に実践されてい

第 1 章　研究の背景

ないのが現状である。

　本研究で実践研究の対象としている A 特別支援学校高等部（以下，A 校高等部とする）においても，従前は，将来の職業生活・社会生活において必要になるであろう内容を選定し，具体的な場面を設定する中で指導を行ってきた。A 校高等部で作成した 2014 年以前の職業科の年間指導計画（**表 1 - 3**）及び流通・サービス科の年間指導計画（**表 1 - 4**）を例示した。年間指導計画は，授業を担当する教師を中心に一年間の指導の計画として各学校で作成するものである。**表 1 - 4** に示した流通・サービス科年間指導計画は，渡辺（2014，p.29）にも紹介されているが，この職業科及び流通・サービス科は，知的障害者である生徒に対する教育を行う特別支援学校の教科である。また，流通・サービス科は，主として専門学科において開設される各教科の 1 つであるが，多くの知的障害特別支援学校高等部における作業学習の指導内容と共通するところが多い。年間指導計画の指導目標・内容を見ると，いずれも生徒自身が考え判断する活動はほとんど設定されておらず，職業場面を想定した内容に関する知識・技能を身に付けることに主眼が置かれていることが分かる。渡辺（2014，p.29）は，「産業現場等における実習は，（中略）生徒が自己の職業適性や将来設計について考える機会となり，職業選択の能力や職業意識の育成が図られるなど，高い教育効果がある」と述べているが，そうなるためには，産業現場等における実習に至るまでの日頃の作業学習や職業の授業を通して，生徒が自らの職業適性や将来設計，職業選択について考える機会と経験を十分に設定する必要があると考える。茂木（2000，p.28）が，狭い意味での職業教育，職業訓練に偏りすぎ，基礎的な教養を身に付けながら発達段階にふさわしい力量をどう形成していくか，といった点について十分でない問題があると指摘しているところである。**表 1 - 3**，**1 - 4** で示した A 校の職業科及び流通・サービス科の年間指導計画においても，教師が指導する内容を主とした計画が立てられており，生徒の力量形成の視点で指導計画を検討する課題があると考える。

表 1 - 3　A校の職業科年間指導計画（2014年度）

月	題材・単元名	指導内容
		予定時数 40 時間
4	ガイダンス	・オリエンテーションテスト ・授業の流れについて
	働くために必要な態度	・挨拶，返事，報告　　・身だしなみ
5	実習について （校内実習）	・実習の目標，流れ ・実習に必要な力 ・実習日誌の記入の仕方 ・校内実習の振り返り　・今後に向けた課題
6	さまざまな職業	・製造業とサービス業 ・卒業生の仕事紹介 ・学校と職場の違い　・校外学習（会社見学）
7	実習について	・実習の目標，流れ　・実習に必要な力 ・仕事に対する責任
9	 （校内実習）	・作業工程と役割　　・出来高 ・仕事の現場（校外活動） ・校内実習の振り返り　・今後に向けた課題
10	働く意義	・なぜ「働く」のか ・働くために必要な力
11	安全と衛生	・安全と衛生の大切さ ・安全と衛生に関する具体例 ・健康管理
12	ルールとマナー	・経営方針，就業規則 ・他の社員との関わり方
1	コース制選択について 働く実践的な力	・各コースの概要　・必要な力 ・正確さ，丁寧さ　・スピードと作業量
2		・仕事の効率 ・協調性
3	進路指導	・今後の進路指導の流れ ・進路選択に対する考え方 ・今年度の反省と今後の課題

第1章　研究の背景

表1-4　A校の流通・サービス科年間指導計画（2014年度）

	予定時数40時間	
月	題材・単元名，指導目標	指導内容
4	オリエンテーション ・作業場の注意事項を確認し，安全に取り組む態度を高める ・商品管理・販売の概要を知り，見通しをもって取り組む	・作業時の服装，実習室の使い方や注意事項の確認 ・商品の生産から販売までの大まかな流れと仕事の説明 ・日報の説明
5 6 7 9 10	循環型流通作業 ・指示に従って作業に取り組み，正確に作業に取り組む ・作業に必要な道具や機械の名称，使用方法を覚えて適切に扱う ・指示書を理解し，指示書の流れに従って作業に取り組む ・伝票や商品を適切に扱い，作業に取り組む ＜作業内容＞ ピッキング1　文具他既成商品のピッキング ピッキング2　コンセントの部品のピッキング，組み立て ・棚卸し	ピッキング1 ＜作業工程＞ ①指示書の確認 ②棚からの選択 ③点検（バーコードリーダー） ④箱詰め ⑤納品（発送先，期日別） ピッキング2 ＜作業工程＞ ①指示書の確認 ②棚からの部品のピッキング ③組み立て ④点検（バーコードリーダー） ⑤箱詰め ⑥納品（発送先，期日別） 棚卸し ＜作業工程＞ ①指示書の確認 ②在庫数の確認 ③報告書の作成
11 12 1	接客・販売 ・顧客が喜ぶことや人の役に立てること，働く喜びを感じながら接客する ・顧客の要望に対応する態度を高める ・コミュニケーションを図りながら協力して作業を進める ・販売に必要な機器の名称や利用法を覚え正しく扱える	学校祭でのカフェ ・カフェの仕事内容の確認 ・機器（レジスター）の利用 ・接客態度 ・店内の環境整備（ポップやメニュー）
2	データ入力 ・情報処理機器を正しく扱える ・データを正確に入力する態度，技能を高める ・集中して最後まで入力作業を続ける態度を高める	エクセルの使用 ・資料を元に数値で入力 ・一覧表の転記（数値データ）
3	1年間の反省 ・1年間を振り返り，作業での反省点を見つけ，自分の課題を考えることができる	・1年間の反省 ・自分の課題を考え，発表する

次に，職業指導に関わる指導内容について研究した原田（2009，p.64）の研究を報告する。それによると，全国の特別支援学校を対象に行ったアンケート調査の回答（自由記述）から，職業指導に関わる指導内容は，「日常・社会生活全般」，「自己理解」，「働くことの意義」，「進学，就労に向けた実際的指導」，「基礎学力の補充」，「作業における基礎的能力」，「福祉制度」の７つに分類された。調査結果を見ると，学校種別（障害種別）により指導内容の項目に違いが見られ，知的障害特別支援学校では，「日常・社会生活全般」及び「作業における基礎的能力」に分類される指導内容が多く，「自己理解」に関する指導はなされていないことが分かる（資料－1）。項目数の多少から障害種ごとに指導の重点が違うことが窺い知れた。資料－1に示したものは，原田の調査結果の内，集団指導として指導された内容についてであるが，同様に，個別指導についても調査結果が報告されているが，知的障害特別支援学校では個別指導においても，「自己理解」に関する指導内容は挙げられていなかった。以上のことから，知的障害生徒に対する進路指導・職業教育においては，生徒が社会自立を果たすためには，自己理解を深め，自らが自分の将来の展望をいだき，職業選択を行うことが目標とされているにもかかわらず，それに至る指導は十分でない現状があると言える。

　では何故，知的障害生徒に対する自己理解の指導が十分に進められてこなかったのかについては，井上（2012，pp.65－67）の調査結果から窺い知ることができる。井上は，特別支援学校（知的障害）高等部における軽度知的障害生徒に対し，必要性の高い指導内容として「対人コミュニケーションの能力」，「社会生活のルール」，「基本的な生活習慣」，「職業能力の育成」の４つのキーワードが明らかになったとしている。そして，それぞれのキーワードにおいて，授業で取り上げることが多い指導内容と，教える必要性は感じているが指導することが難しいと感じる指導内容をまとめている（資料－2）。

　調査結果を見ると，教える必要性は感じているが「指導が難しい」と感じる指導内容の中には，学校で指導場面を設定することが難しい内容や家庭における生活に関わるため指導しにくい内容が含まれる。その多くは具体的な指導場面の設定が難しかったり，生徒自身の理解の程度や学習の評価が難しいと考えられたりする内容であるためだと推察される。

第1章 研究の背景

　この「指導が難しい」内容として示された「自分の職業適性の理解」「我慢強さ，能率，スピード，丁寧」などの内容は，就職したり作業を遂行したりする上での行動，またその結果への認識を必要とする内容であり，自己理解に関わる内容である。また，「場に応じた言葉遣い」「困ったとき尋ねる，断る」「規則正しい生活」や「余暇の過ごし方」「働く意欲」「作業に対する意欲」などについても，知的障害者の職業生活において重要とされる内容であり，自分自身がどのように人に対し振る舞っているか，生活しているかを自覚したり，働くことに対する気持ちや態度について考えたりすることを経て認識される内容であり，自己理解に関わるものである。

　以上のように，学習の場や機会の設定，あるいはその評価の方法などが明確でないため実践されてこなかったと考えられる自己理解の指導を進めるに当たっては，どのような内容や方法を開発するかが重要な課題と言える。

第2章

知的障害児童生徒に対する教師の意識

― インクルーシブ教育に関する調査結果をもとに ― *

2.1 調査の背景と目的

　平成26年に我が国においても「障害者の権利に関する条約」(外務省，2014)が批准され，インクルーシブ教育システムの構築が進められることとなった。その基本的な方向性について，文部科学省 (2012) は，「共生社会の形成に向けたインクルーシブ教育システム構築のための特別支援教育の推進（報告）」(平成24年7月) の中で，「障害のある子どもと障害のない子どもが，できるだけ同じ場で共に学ぶことを目指すべきである。その場合には，それぞれの子どもが，授業内容が分かり学習活動に参加している実感・達成感を持ちながら，充実した時間を過ごしつつ，生きる力を身につけていけるかどうか，これが最も本質的な視点であり，そのための環境整備が必要である」と示している。さらに，同報告では，「インクルーシブ教育システムにおいては，同じ場で共に学ぶことを追求するとともに，個別の教育的ニーズのある幼児児童生徒に対して，自立と社会参加を見据えて，その時点で最も的確に応える指導を提供できる，多様で柔軟な仕組みを整備することが必要である」とし，小・中学校の通常の学級，通級による指導，特別支援学級，特別支援学校といった，連続性のある「多様な学びの場」を用意することの必要性が述べられている。

---

*　第2章は，第6回教科開発学研究会発表論文集（愛知教育大学・静岡大学大学院教育学研究科共同教科開発学専攻）に掲載された　伊藤佐奈美 (2016)「インクルーシブ教育に関する教員の意識」を一部引用し，加筆・修正したものである。

一方で，地域の学校の通常の学級ですべての子どもが学ぶことを原則とし，特別支援学級や特別支援学校のような特別な場は「障害者の権利に関する条約（以下，権利条約とする）」でいう「一般的な教育制度（general education system）」には当たらず，そこに就学させることは条約違反であるとする共生共学論もこの機に一時は盛り上がりを見せた。しかし，実際は，義務教育段階の全児童生徒数が毎年10万人程度減少している中，通級による指導を受ける児童生徒数及び特別支援学級や特別支援学校に在籍する児童生徒数は増加傾向にある状況である。今後も特別な場においてニーズに応じた教育を受けることを求める保護者，本人の数は増加するものと予想される。

　このように，社会としてインクルーシブ教育システム構築を目指す中で，一元的に地域の学校で学ぶよりも，多様な学びの場を求める動きが顕在し，特別支援学級設置数の増加や特別支援学校（知的障害教育校）の過大化，新設による増加が見られる現状がある。しかし，荒川（2008，p.157）は，「インクルーシブ教育は障害児教育改革の問題というよりも，通常教育の改革プロセスなのであり，そのために通常教員の力量，専門性の向上と全校的なサポート・システムおよびリソースが不可欠である」と述べ，地域の学校において様々な特別なニーズのある子どもたちが効果的に学ぶことができるような教育の質の向上を目指すべきと主張する。そのような中において，小・中学校，高等学校の教師たちの障害のある児童生徒，とりわけ知的障害のある児童生徒の障害に対する理解の現状はどうであろうか。

　本研究の対象とする特別支援学校高等部に在籍する軽度知的障害生徒は，地域の小・中学校で過ごしてきていることから，小学校・中学校の教員（荒川の言う通常教員）の障害に対する認識が，生徒自身の障害認識や自己理解に大きく影響するものと考えられる。本章では，インクルーシブ教育に関する調査結果をもとに，教師の障害に対する意識から窺われる指導・支援に関わる問題性を検討したいと考える。知的障害者には，障害からくる情報の咀嚼の困難をはじめとする，知的障害者の特性についての理解が必要であることを踏まえ，本章においては教師たちが知的障害をどのように認識しているのかを調査結果から明らかにすることを目的とする。

第2章　知的障害児童生徒に対する教師の意識

2.2　調査方法

　小・中学校と高等学校の教師及び特別支援学校知的障害教育校の教師を対象に，特別支援教育に関する研修会の機会を利用して，以下のアンケート調査を行った。特別支援学校に在籍する程度の障害のある児童生徒が通常の学級で学ぶことについて，受入れの難易，受入れる際の課題，就学先決定の方法についての考えに関する質問を行う。障害児を地域の通常の学級に受入れることに対する回答から，他の障害と比較して，知的障害を教育の対象としてどのように捉えているか分析・検討する。

　アンケート調査の質問では「特別支援学校に就学している程度の障害のある子が，通常の学級に就学することになった場合」という語を使用した。これは，小・中学校の教師が学校教育法施行令第22条の3の「障害の程度」を理解していることは少ないと考えたため，このような表現を取った。また，学校教育法施行令第22条の3の障害区分にはないが，近年通常の学級においても特別支援学校においても増加傾向にあるとされる自閉スペクトラム症についても追加して項目を設けた。

2.2.1　調査の時期及び対象

　アンケート調査は，以下の4つのグループを対象に実施した。それぞれを対象とした研修会等の機会を利用して調査を行ったため，参加人数のばらつきが調査対象人数のばらつきに反映されている。

① 調査時期：平成27年7月，対象：B市の教育委員会主催の特別支援教育研修会に出席した小学校または中学校に勤務する教師　88名
　このグループには，通常の学級の担任，特別支援学級の担任，校内の特別支援教育コーディネーターなどが含まれる。障害に対する理解の程度は，個人差はあるが特別支援学校教師に比べて低いと想定される。

② 調査時期：平成27年10月，対象：A校を会場に実施された某県特別支援学校長会主催の初任者研修に参加した特別支援学校（知的障害教育校）初任者　19名
　特別支援教育の経験は浅く，理解も深いとは言えないが，障害児童生徒

33

に対する理解への意識は高いと考えられる。

③ 調査時期：平成 27 年 11 月，対象：A 校（知的障害教育校）在職の経験 2 年目以上の教師　36 名

個人差はあるものの特別支援教育の経験があり，障害に対する理解もあると考えられる。

④ 調査時期：平成 27 年 12 月，対象：某県主催の C 地区高等学校地区別特別支援教育コーディネーター研修会に参加した高等学校特別支援教育コーディネーター　19 名

勤務校の状況によって，障害生徒や特別支援教育に関わる経験に差はあるが，役割上障害生徒や特別支援教育への関心は高いと考えられる。

2.2.2　調査の内容

アンケート調査の内容は，インクルーシブ教育に関する教師の意見を聞くもの（資料 - 3 参照）であるが，その中から以下の質問項目を取り上げ，調査結果から教師の知的障害に関する意識を検討する。質問 1 では，「特別支援学校に就学している程度の障害のある児童生徒」が「通常の学級」に就学するという条件設定を行ったが，それは，障害の程度が重度である子どもが通常の教育課程で学ぶということを意味している。質問では，施設・設備や教材などを配慮したり工夫したりした上で，同年齢の学級集団で学ぶことが適切かどうかを判断し答えることを求める問いである。質問 2 では，同様に「特別支援学校に就学している程度」の重度の知的障害及び自閉スペクトラム症の子どもについて，問題になるであろうと想定される項目を挙げて受入れに対し問題と考える程度を尋ねている。その回答には教師たちの障害に対する認知や理解の程度が反映されると考え，検討を行う。

質問 1　「現在，特別支援学校に就学している程度の障害のある子が，地域の小学校や中学校の通常の学級に就学することになった場合，受入れについてどのように考えますか。」に対し，障害種ごと（視覚障害，聴覚障害，肢体不自由，知的障害，病弱 / 身体虚弱，精神障害（自閉スペクトラム症）の 6 つの障害種）に，「十分可能」「ほぼ可能」「やや難しい」「難しい」の 4 件法で回答を求めた。

なお，高等学校特別支援教育コーディネーターを対象としたアンケート調査では「小学校や中学校の通常の学級に」の部分を「あなたの勤務する高等学校に」と換えて調査を行った。

質問2　質問「特別支援学校に就学している程度の知的障害や自閉スペクトラム症の子どもが，地域の小学校や中学校の通常の学級に就学することになった場合，以下のことがら（施設・設備面，周りの保護者の理解，地域の理解，周りの子どもたちの理解，ニーズに応じた指導・支援，教員の専門性，人員配当，教育課程の8項目）について，どの程度問題を感じますか。」に対し，それぞれの項目ごとに問題を感じる度合いを「全く問題ない」「ほぼ問題ない」「やや問題」「問題である」の4件法で回答を求めた。

　この項目も質問1と同様に，高等学校特別支援教育コーディネーターを対象としたアンケート調査では「小学校や中学校の通常の学級に」の部分を「あなたの勤務する高等学校に」と換えて調査を行った。

2.3　調査結果

2.3.1　障害区分ごとの受入れに対する意識

2.3.1.1　小・中学校教師の意識

　障害区分ごとに，通常の学級への受入れについて難易を尋ねたところ，**図2－1**のような結果になった。小・中学校教師は，後で述べる高等学校の教師と比較すると，全体的に受入れに対し「十分可能・ほぼ可能」の回答が多い。これは，インクルーシブ教育システム構築の推進を目指す社会状況を受け，義務教育学校である小・中学校の教師は，地域の学校で障害のある子どもも共に学ぶ環境づくりを進めねばならないという社会的な要請をより強く感じていることが推察される。

　障害種別に見ると，**図2－1**から視覚障害や聴覚障害，肢体不自由と比較して，知的障害，病弱/虚弱，自閉スペクトラム症に対して，受入れ可能とする回答割合が高いことが分かる。特別支援学校の小学部や中学部に在籍する知的障害のある児童生徒は，障害の程度が重度の子どもが多く，通常の学級において学年相応の学習をすることは難しい実態があるが，小学校・中学校の教師の

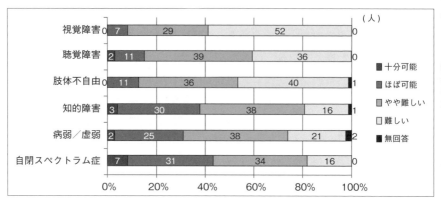

図2-1 障害種ごとの受入れ可能感(B市小・中学校教師)

約3分の1が，通常の学級への受入れが可能(十分可能・ほぼ可能)と回答している。この回答結果は，知的障害児の学習における実態が小・中学校教師には十分知られていない状況を窺わせるものとも言える。

今回の研修を受講した教師たちの学校にも知的障害を対象とする特別支援学級が設置されていることが多いと考えられるが，知的障害のある児童生徒の学習の状況や必要な学びに対する意識・理解は高いとは言えず，学習よりは共に生活することに価値を置く傾向があると言える。また，視覚障害や聴覚障害，肢体不自由のある子どもには特別な情報伝達やコミュニケーションのスキル，移動や生活上の介護のための施設・設備が必要であるが，知的障害のある子どもには特別なものが必要ないという捉えをしていることも想定される。

2.3.1.2 高等学校特別支援教育コーディネーターの意識

小・中学校教師と比較して，高等学校教師は，どの障害種においても受入れに対し，難しいと考える意見が多い結果である(図2-2)。「十分可能」との回答はどの障害種にも見られず，また，「ほぼ可能」という回答割合も小・中学校教師に比べ少ない。回答の内容は，従来から高等学校にも在籍する肢体不自由，病弱/虚弱，自閉スペクトラム症の生徒に対する受入れに対しては，少数ではあるが「ほぼ可能」の回答が見られ，視覚障害，聴覚障害及び知的障害の生徒に

第2章　知的障害児童生徒に対する教師の意識

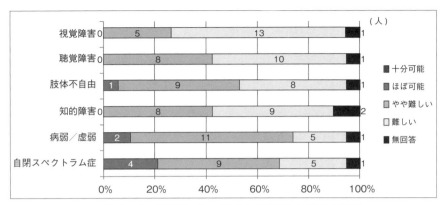

図2-2　障害種ごとの受入れ可能感（高等学校教師）

ついては，「やや難しい」「難しい」「無回答」のみの回答である。

　高等学校教師が，どの障害種においても小・中学校と比較し受入れに対して難しいと考えるのは，教科担任制が明確なため，学校全体で統一した指導体制を取りにくい状況があることや，高等学校段階では教科の抽象性が高く，単位修得が進級・卒業要件となることから知的障害の子どもが高等学校の課程で学ぶことが困難であることが要因となっていると考えられる。

2.3.1.3　特別支援学校教師の意識

　特別支援学校の教師に対しては，現在特別支援学校で教育している子どもたちが，小・中学校に就学することについてどう考えるか，という視点で回答を求めたところ，自閉スペクトラム症以外の障害区分においては，小・中学校教師よりもむしろ通常の学級への就学を可能ととらえる回答割合が高い結果となった（図2-3）。

　日頃から指導をしている重度の知的障害のある児童生徒が通常の学級で学習することが可能と回答した教師が4割を超えた結果となったことは予想外であった。これは，社会全体の動きとしてインクルーシブ教育システムの構築が進められていることや，以前に比べ児童生徒の居住地にある小学校・中学校との交流及び共同学習の機会が増えてきていることによって，教師たちの意識が，どの子も地域の学校で学ぶことが重要との考えに変化してきている現れだと捉

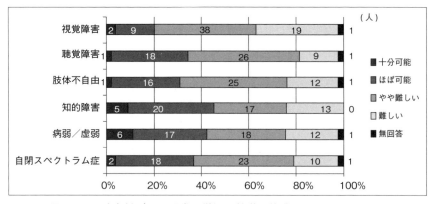

図 2-3　障害種ごとの通常の学級に就学可能感（特別支援学校教師）

えられる。

　しかし，知的障害のある児童生徒が非知的障害児と同じ学年相応の学習を理解することが難しいことから，特別支援学校では独自の教育課程を編成して指導を行っている。学習指導要領にも，視覚障害者，聴覚障害者，肢体不自由者又は病弱者である児童生徒に対する教育を行う特別支援学校においては，小学校及び中学校学習指導要領に準ずる教育を行われることが示されているが，知的障害者である児童生徒に対する教育を行う特別支援学校には，それとは別に実態に応じた各教科の目標及び内容が示されている。また，学習内容を理解することが難しいということだけでなく，系統的な教科学習で得た知識や技能を生活に汎化させることが難しいため，生活単元学習や日常生活の指導，作業学習等の各教科等を合わせた指導を中心に学習活動を行うことが効果的であることも，特別支援学校学習指導要領解説 各教科等編[2]（小学部・中学部）に示さ

---

2)　**特別支援学校学習指導要領解説 各教科等編**　第4章第2節には，「知的障害のある児童生徒の学習上の特性としては，学習によって得た知識や技能が断片的になりやすく，実際の生活の場面の中で生かすことが難しいことが挙げられる。そのため，実際の生活場面に即しながら，繰り返して学習することにより，必要な知識や技能等を身に付けられるようにする継続的，段階的な指導が重要となる。(p.26)」「児童生徒の学校での生活を基盤として，学習や生活の流れに即して学んでいくことが効果的であることから，従前から日常生活の指導，遊びの指導，生活単元学習，作業学習などとして実践されてきており，それらは『各教科等を合わせた指導』と呼ばれている。(p.30)」と示されている。

れている。同じ場で学ぶことも大切ではあるが，それ以上に，特別支援学校では一人一人の発達段階に応じた指導・支援を大切にし，教育実践してきた経緯がある。

こうした経緯を踏まえ，知的障害教育の経験年数の違いにより回答結果に差があるのではないかと考え，経験年数のグループごとに回答を検討することにした。ここでは，特別支援学校勤務年数のうち知的障害教育の経験年数のみを問い，経験年数により４つのグループ（初任者＝１年未満，１年以上15年以下，16年以上25年以下，26年以上）に分け，回答を比較することにした。比較するに当たっては，「十分可能」を４点，「ほぼ可能」を３点，「やや難しい」を２点，「難しい」を１点，として点数化し，それぞれのグループごとの平均を求めて比較を行うことにした。なお，無回答は点数から除外した。また，知的障害と自閉スペクトラム症の障害種に関する回答のみを取り出して比較を行った。

通常の学級への就学可能性に対する回答に対して，経験年数を要因とする一元配置分散分析を行ったところ，各グループ間に有意差は見られなかったが，表2-1及び図2-4のように，平均値を見ると，経験年数が長くなるにつれて，知的障害のある子どもが通常の学級への就学は難しいと回答されるようになり，受入れの平均値としては「やや難しい」から「難しい」のレベルへと移っていることが分かる。

表2-1　経験年数別通常の学級への就学可の回答平均値

	n(人)	知的障害		自閉スペクトラム症	
		平　均	標準偏差	平　均	標準偏差
初任者(経験１年未満)	19	2.63	1.01	2.39	1.05
経験２年以上15年以下	17	2.29	0.95	2.24	0.75
経験16年以上25年以下	13	2.08	0.95	2.08	0.86
経験26年以上	6	1.83	0.75	1.83	0.41
		F値	判定	F値	判定
		1.57	n.s.	1.24	n.s.

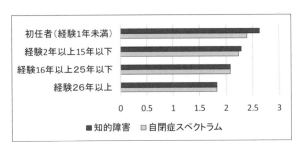

図2-4 経験年数別通常の学級への就学可の回答平均値

2.3.2 知的障害のある子どもを受入れる際の問題点

次に，通常の学級に知的障害のある子どもや自閉スペクトラム症の子どもが就学することになった場合に，問題となるであろう8つの項目（①施設・設備面，②周りの保護者の理解，③地域の理解，④周りの子どもたちの理解，⑤ニーズに応じた指導・支援，⑥教師の専門性，⑦人員配当，⑧教育課程）を挙げ，それがどの程度問題と考えるかについて回答を求めた。

これについても，4件法で尋ね，回答を「全く問題ない」4点，「ほぼ問題ない」3点，「やや問題」2点，「問題である」1点として点数化し，図2-5に示した。図2-5から，どの項目も回答の平均値は「ほぼ問題ない」の3点より低く，すべての教師が程度の差はあるが挙げられた項目について問題があると考えていることが分かる。

「やや問題」とする2点以下の点数が多い項目に注目してみると，「ニーズに応じた指導支援」「教員の専門性」「人員配当」「教育課程」の項目が挙げられる。「人員配当」以外の項目は，知的障害のある子や自閉スペクトラム症の子どもの教育や指導の内容に直接関わる項目であるが，特別支援学校初任者を除く小・中学校教師，高等学校教師，特別支援学校教師のいずれもが問題と回答している。特別支援学校の初任者は，「人員配当」以外の項目に対し，「問題である」との捉えが薄い結果であるが，児童生徒の実態や指導内容に関わる「ニーズに応じた指導支援」「教員の専門性」「教育課程」の項目についても問題と捉えられていないことから，理解がまだ十分でないことが反映されているとも言える。

第 2 章　知的障害児童生徒に対する教師の意識

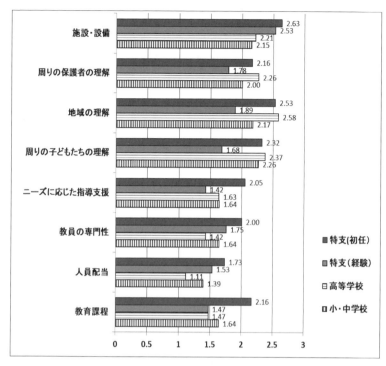

図 2-5　それぞれの教師から見た通常の学級で学ぶ際の問題点

「人員配当」については，特別支援学校初任者を含む全ての教師が問題であると捉え，知的障害のある児童生徒を受入れるための教師の加配等を望んでいることが分かった。

また，知的障害教育の経験がある特別支援学校教師は，施設・設備以外の全ての項目に対し，問題であると回答していることが特徴的であった。特に，「周りの保護者の理解」「地域の理解」「周りの子どもたちの理解」について問題であると捉えており，周囲の理解が重要と考えていることが窺えた。

2.4　まとめ

アンケート調査の回答から，高等学校教師の知的障害のある生徒の受入れに

対する「十分可能・ほぼ可能」の回答は0であった。それは単位修得を前提とした高等学校の教育課程の在り方に知的障害の生徒は馴染まない，という現実的な判断であったと考えられる。小・中学校の通常の学級において，知的障害のある子どもが非知的障害の子どもと同じ学習内容を習得することは困難であると考えられるにもかかわらず，小・中学校教師や特別支援学校の初任者は，他の障害種に比べて「十分可能・ほぼ可能」と回答する割合が高い結果であった。この回答割合の高さは，小・中学校の教師や特別支援学校の初任者は，現在の社会情勢がインクルーシブ教育を推進する方向性に進んでいることを受けて，社会の要請に応えようとする意図が働いた結果と捉えることができる。社会情勢を受けて，従来から小・中学校に在籍し馴染みのある知的障害の子どもは特に，障害のない子どもと共に学習することはよいことだと考えられ易く，一定割合の教師は受入れ可能と考えているということである。それは一方では，知的障害の子は学習内容が分からなくても仕方がない，それ以上に障害のない子どもと一緒に学習する場が保障されることが大事と考えられていることを示すものだとも考えられる。

　このような調査結果から，教師が通常の学級に知的障害のある子を受入れることに対し，その難易を判断し問題点を挙げるにあたり，教師たちは2つの要因から判断しているのではないかと推察された。1つは，小・中学校及び高等学校の教師たちは，普段関わりの薄い障害については，受入れが難しいと答える傾向があるということである。図2-1～3を見ると，視覚障害や聴覚障害の受入れは難しいと回答する教師が多いことが分かるが，これは視覚障害や聴覚障害の児童生徒が現状では地域の学校に在籍することが少ないためと推察される。反面，知的障害や自閉スペクトラム症の児童生徒は，特別支援学級がほぼどの学校にも設置されるようになったことから，障害への「なじみ」があり，小・中学校教師には受入れやすいと感じられる要因となっていると考えられる。

　2つめの要因は，知的障害には障害やそのために必要とされる支援の見えにくさがある，ということである。視覚障害や聴覚障害の子どもには，教材を見やすくしたり言葉や音を文字にしたりする配慮が求められる。点字や手話など特別なコミュニケーションや情報保障の手段が必要となることもあるが，必要な支援は明白である。肢体不自由や病弱／虚弱の子どもに対しても，移動や生

活管理・規制についての配慮を必要とするが，こちらも支援の内容や手立ては明らかである。それ故，視覚障害や聴覚障害，肢体不自由の子どもが支援を必要とするときに支援されないでいるということは考えにくい。一方，知的障害の子どもへの必要な配慮は見えにくさがある。配慮や支援を行わなくても教室にいることができれば，「勉強が分からない子」として適切な支援を得られずにいることも想定される。知的障害の子どもに対しては，今支援がないと困るというような具体的な形としての支援内容が見えないことが，支援に結びつきにくい状況につながっていると考えられる。このことは，本研究で対象とする軽度知的障害生徒が，小・中学校において必要な支援を十分に受けることができないで育ってきた状況を示唆するものである。

　知的障害者である児童又は生徒に対する教育を行う特別支援学校の教育課程編成について，学習指導要領には「各教科の指導に当たっては，…児童又は生徒の知的障害の状態や経験等に応じて，具体的に指導内容を設定するものとする。」と示されているが，このことは特別支援学校だけでなく，学習上の配慮は小・中学校に在籍する知的障害のある児童生徒に対しても必要とされるものであり，一人一人の実態に応じた適切な指導が求められる。インクルーシブ教育を推進する上では，障害のない子どもたちと一緒に学ぶ機会は最大限保障しつつも，知的障害のある子どもたちがより効果的に学び成長するための指導・支援の場や指導の内容・方法を検討することが望まれている。

　知的障害者ができるだけノーマルに近い生活を送ることができるように働きかけることを意味するノーマライゼーションの原理を展開した，ベンクト・ニィリエ（1998）が，ノーマライゼーションの原理へのよくある誤解として8つの誤解を提示しているが，意識調査の結果はそれに通じるところがあるので引用する。ニィリエはその中で，「受入れるか受入れないか二つに一つ（ママ）しかない」とする誤解を挙げている。ノーマライゼーションは一人一人の願いや能力に応じた援助の程度と内容を供給することを指しているのであり，受入れる・受入れないという二者択一の結果を指しているものではないということである。また，「特別なサービスはノーマライゼーションの原理に反している」とか，逆に「知的障害者は社会の厳しさから守られるために同様の人々とともに保護されているのが最もよい」とする両極の誤解があることも挙げているが，

ノーマライゼーションの原理の中では，知的障害者の選択や願いや要望ができる限り考慮され尊重されなければならないということが最も中心的な考えである。

　本章では，特に小・中学校の知的障害児に対する理解や意識について確認することで，軽度知的障害生徒が過ごしてきた環境や支援の状況の一面を知ることができた。それを踏まえた上で，ニィリエの言う共生社会の基本理念として中心におくべき「知的障害者の選択や願い，要望」を尊重するための，知的障害者自身の自己理解を促す指導の重要性を認識しつつ，第3章から第5章の事例や意識調査，実践研究へと研究を進めていきたいと考える。

第3章
学校不適応を示す生徒の自己理解の過程[*]

3. 1　事例研究の背景及び目的・方法

　特別支援学校高等部に入学してくる軽度知的障害生徒の中には，中学校で特別支援学級に在籍していた生徒だけではなく，通常の学級に在籍していた生徒もいる。また，知的障害があると判定された者（児童相談所又は知的障害者福祉法第12条の規定による知的障害者更生相談所において判定される）に交付される療育手帳を取得している者がほとんどではあるが，取得していない者もいる。通常の学級に在籍していたり，療育手帳を取得していなかったりする生徒の中には，自分に障害があるとの認識がなく，特別支援学校に入学したが「ここは自分の来るところではなかった」と特別支援学校の生活に適応できない生徒もいる。

　知的障害特別支援学校では，第1章でも述べたとおり高等部の学習指導要領に述べられている「知的障害の特徴及び学習上の特性等を踏まえ，生徒が自立し社会参加するために必要な知識や技能，態度などを身に付けることを重視」し，経験や体験の繰り返しを通して学習し，身に付けられるように指導が展開されている。また，教師たちも社会への移行を意識し，生徒たちが社会生活や職業生活に必要な知識や技能・態度をどれだけ身に付けることができたか，と

---

[*]　第3章は，日本学校教育相談学会　学校教育相談研究第27号（2017）に掲載された伊藤佐奈美（2017a）「学校適応に困難を示す特別支援学校高等部生徒への支援実践 ― 知的障害の程度が軽度な2事例を取り上げて ― 」を，加筆・修正したものである。

いうことに学習の成果を求めがちである。

　しかし，細渕（2000，pp.19-20）は，それだけでは「ひとりの青年としてたくましく社会参加していく主体形成の課題が抜け落ちてしまう」と指摘する。また，渡部（2009，p.157）は，青年期は，子どもから大人への「移行期」であり，「再体制化（今までの自分をこわして新しい自分をつくる）」の時期であるとし，青年自身による子どもから大人への自分づくりを教育的に組織し，方向付け援助する青年期教育の重要性を主張している。知的障害のある生徒にとっても，青年期は自己を意識し，確立していく時期であり，特に軽度知的障害生徒への指導においては一面的な職業態度・姿勢作りだけでなく，卒業後に社会参加を果たすための主体形成の課題をしっかりと意識することが必要と考える。軽度知的障害生徒は，過去の失敗体験から自分の能力不足や知的障害を認識しているものの，心理的不適応を示し，自己受容が困難であるものが半数に上る（清水1999，p.290）との報告もあることから，十分に障害のある自己に対する理解ができていないことが考えられる。生徒たちも頭のどこかでは自分のできなさを分かってはいるが，それを自分の生活の中でどう解消すればよいのか，どのように生活することが適応につながるのかが十分に理解できずにいる状態なのではないかと考えられる。

　本章では，高等部の生活になじめず，一時は退学を希望した時期もあったが，担任を始め管理職や進路担当との個別面談や支援を通じて，現在の自己を見つめ，将来の生活を思い描く中で，自分なりの進路を見い出すことができた事例を取り上げる。そして，事例の経過を追いながら，青年期にある軽度知的障害生徒が自分の障害理解を含めた自己理解を深める過程について検討する。そこでは，具体的な行動指標を手がかりにした日常的な教師の支援を通して，安心，自信，自己肯定感の獲得と，さらに本人が自分の情緒の状態を客観的に理解し振る舞い方を身に付ける（阿部・廣瀬，2008，p.56）ことにより，ポジティブな自己像形成と自己理解を行った過程を考察し，有効な支援の在り方を検証する。

　筆者の事例への関わりの方法としては，管理職の立場から，いずれの事例においても教師らの連携と情報共有及び支援の方向性の統一を図る役目を担い，支援を行った。特に事例1ではコンサルタント役割を中心とし，事例2においては，生徒本人との面接相談（以下，本人と時間を定めて実施した面接相談

第 3 章　学校不適応を示す生徒の自己理解の過程

を「面談」とする)も担当した。

3.2　事例提示

3.2.1　事例1

(1)対象生徒

D 男　特別支援学校高等部 3 年　男子

(2)主訴

特別支援学校をやめて，高等学校に再入学したい

(3)家族及び生育歴

　父親，母親，D 男，姉の 4 人家族。姉は 6 歳年上のため，すでに就職している。父母ともに仕事をもち忙しく過ごしてきたことから，D 男の問題や将来のことを先送りにしてきた経緯がある。

　D 男はおとなしい性格で，小学校 3 年生までは特に目立ったことはなかった。小学校 4 年生になり，きっかけははっきりしないが学校に行き渋るようになり，父母が仕事に出た後も，登校せずに家でゲームをして一人で過ごすことが増えてきた。学校には行かなかったが，家庭での生活で家族を困らせるようなことはなかった。

(4)事例のアセスメント

　特別支援学校高等部に入学するために「広汎性発達障害」の診断を受け，精神障害者保健福祉手帳 3) を取得したが，その際に，D 男自身が自分の障害や特性を受け止め，理解する過程を踏んでおらず D 男の障害受容の問題が未解決であることが，学校適応の難しさにつながっていると考えられる。特別支援学

---

3)　**精神障害者保健福祉手帳**　一定程度の精神障害の状態にあることを認定するもので，自立と社会参加の促進を図るため，手帳を持つことで様々な支援が受けられる。手帳の等級には 1 級から 3 級の区分があり，等級に応じて年金やサービスの内容が変わる。都道府県知事により認定される。

の担任を中心に本人との面談を丁寧に行い，まずは，D男が自分の人生において自分を価値づけ，納得して今後の進路決定できるように支援することが大切であると考えた。

(5)経過

ア　特別支援学校高等部入学までの経緯

小学校4年生から不登校傾向が見られ，5，6年生はほとんど欠席状態となった。学校に行かなかったため学習に遅れが見られたことから，中学校入学後は特別支援学級に在籍することになった。中学校では，遅刻や欠席はあったが，不登校状態からの改善は見られ，特別支援学級に通うことができた。

本人は，中学校卒業後は高等学校を受験するつもりでいたが，担任の先生や両親の勧めで特別支援学校高等部に入学することになった。D男は面談の中で，「中学校の担任の先生が特別支援学校への進路を決めていて，高等学校への受験希望を言い出せなかった。」と話した。また，中3の担任から特別支援学校入学には手帳取得が必要と言われ，病院受診をし「広汎性発達障害」の診断を受け，精神障害者保健福祉手帳を取得した。本人としては納得できない気持ちがあったが，流されるままにしていた。知的障害の程度が軽いため，療育手帳は取得しなかった。

イ　入学後の経過

高等部1年時は，生活や授業の目新しさもあって，本人も一旦は学校生活に適応し，特に問題を感じることもなく過ごした。

2年生の2学期後半から，遅刻や欠席が増え始めたため，担任や養護教諭が面談の機会を持つようにした。そこで語られたのは「学校がつまらない。」「自分はこの学校に来るべきではなかった。」「学校をやめたい。」ということであった。担任も母親も，小学校の時に見られた不登校傾向がまた現れたのではないか，と捉えていた。その時点では生活リズムを整え，学校行事や授業内容を話題にして意欲がもてるように家庭と学校が連携して言葉掛けなどを行い，学校に登校できるよう支援していくことが必要と考えられていた。

しかし，2年生3学期から不登校傾向はさらに強くなり，3年生になるといよいよ遅刻や欠席が多くなってきた。そこで，改めて面談の機会を設定し，担

任と養護教諭が本人の思いを十分に聴き，その上で今後の進路について保護者
と共に話し合いをもつことにした。

　ウ　面談の記録
　担任とD男は，登校した際に日常的に顔を合わせ話をしたが，5月からはきちんと時間をとって，2週間に1回の割合で面談を行うようにした。それを受けて，母親とも学年主任，担任との三者による話し合い（以下，特に時間を定めず，3人以上による話し合いを「懇談」とする）を月1回程度行った。本人は，体調面は養護教諭と，進路に向けての内容については管理職や進路指導主事とも面談を行った。筆者は管理職として，担任，学年主任，進路指導主事，養護教諭の情報を共有し，D男に対する理解を深め，それぞれの担当者が共通の方向性をもってD男に対応できるようコンサルテーションを行った。月に2回程度職員会議後にケース会議をもち，担任らが行った面談の報告を受け，コンサルテーションを実施した。そこでは特に，それまで「学校に登校させること」にこだわりがちであった担任や学年主任の考えを，D男自身の現在の状況を理解し，D男の人生にとって今何が必要なのかということを中心に据えることへと考え直してみることを提案し，その方針のもと事例に関わることとした。
　以下，本人が語った内容を中心に報告する。

［5月］
　5月の連休明けから面談を開始し，はじめは学校に来た時に担任から「少し話をしよう。」と声をかけ，時間を取って話をするようにした。D男は，面談を開始したころは表情も硬く，教師が尋ねることに対し簡単な言葉で答えるのみで自分から語ろうとしなかったが，3回目の面談の頃から自分がこれまで考え悩んでいることについて話をするようになった。5月末からは時間を決めて2週間に1回の面談を行うことにした。以下は，面談を開始した5月にD男が語った内容である。
　はじめ，「自分自身の性格として，自分の考えを話したり，思ったことを行動したりすることが苦手で，今は人に何か言われることにも抵抗を感じるところがある。」と話していた。面談を重ねるうちにD男は，次第にこれまでのことを振り返るようになり，「今まで自分で考えていたことがあっても言い出せ

ず，行動もできなかったが，最近は人に自分の将来を決められることへの抵抗感を強く感じるようになった。」ということを語った。

登校できなくなるに至った経緯については，「2年生になってからの授業は，1年生で習ったことを繰り返したり，分かっていることを何度も時間をかけて学習したりして，退屈さや違和感を感じた。2学期の終わり頃からその思いが強くなり，『自分はこの学校に入学するべきではなかった』と感じるようになった。」とのことであった。

その思いがだんだん強くなり，授業を受けるのも，学校に来るのも嫌になり，一度だけ母親に相談したが，母は自分の気持ちを真剣に受け止めてくれず，「とにかく学校に休まずに行くことが大事。」と言った。2年生の終わりには授業の一環で企業における職場実習があったが，そこで自分たちは障害者雇用として就職するのだ，ということを知った。そのときから，「自分は障害者ではない。」という思いが強くなり，障害者雇用で就職することは絶対にいやだと思うようになった。

3年生になってからは，さらにその思いが強くなり，学校の授業を受けていても，障害者として差別されていると感じるし，生きていたくないという気持ちにもなった。そして，このまま卒業まで考え悩むのはつらい，とのことであった。

最初は口の重かったD男が，5月末の面談で初めて，そして一気に上記のことを語ったことから，校内で担任や学年担当教師，進路指導主事，養護教諭，管理職で緊急の対応会議を開いた。D男が語った内容を情報共有し，不登校の改善のみにこだわるのではなく，D男の思いに寄り添いながら今後の学校生活と将来の生活について共に考え，対応していこうという方向性を定めた。同時に保護者との連携の重要性についても話し合い，その日のうちに担任から保護者に連絡を取り，今後はD男の気持ちを学校と家庭の双方でよく聴いて，対応をしっかり考えていこうと話し合った。学校を続けることを促し続けていた父母も，D男の話を真剣に聴いたことで「D男の気持ちがはっきりしているのなら反対しない。」とD男の気持ちをしっかり受け止め，D男と将来に向けて具体的な相談をするようになった。

[6月]

進路指導主事を交えた校内の対応会議では，今後の進路指導を行うために，まずは面談の中で，担任がD男の希望を明確に聴き取り，進路希望に沿って必要な情報収集を行い，D男や家庭に向けて情報提供を行うことにした。

D男は，面談を重ね自分の気持ちを受け止めてもらえた安心感もでき，6月に入ると，「特別支援学校で自分の望む学習ができるならば卒業したい気持ちがある。」ということを伝えてきた。その一方で，高等学校を受験したいという希望を叶えるためには，「辞めて自分で高校入試に向けて受験勉強をしたいという気持ちもある。」と言うこともあった。担任や進路指導主事からは，特別支援学校を退学することのメリット・デメリットについて話をしたり，具体的に希望する定時制高校についての情報提供をしたりして，D男の進路に向けての準備や行動が少しずつ明確に，具体的になるようにした。

保護者も，D男と一緒に考え，希望する学校へ電話での問合せを行うなど協力してくれ，7月に入ったら希望校である定時制高校への見学と相談会に参加する予約を取ることができた。進路希望が具体的になってきたところで，家庭では塾通いも始まり，本格的に受験に向けての準備を始めることになった。特別支援学校に在籍したまま高校を受験することは認められないことが分かったが，D男自身が自分が迷っていた2つの望みをかなえることを決めた。面談の中で，「特別支援学校を卒業した後に高校を受験して，次の進路に進む。」と明言をし，進路を決めることができた。しかし，不登校傾向はすっきり改善に向かうことはなく，その後も，D男は「周りとうまくなじめない。」と理由づけをしながら朝から登校することはできず，遅刻や欠席が減ることはなかった。

[7月]

D男は保護者と共に，受験希望の定時制高校や専門学校の相談会に参加し，進路先の情報と具体的なイメージを得ることができ，希望校を絞ることができた。見学をしたことで「定時制高校の生活が分かり，目標がはっきりした。」と話していた。D男は，この頃から面談の中で，高校を卒業した後，自分はできれば大学に進み歴史を研究したいという将来の希望を語るようになった。

D男が見学や相談会参加を終え，進路希望がはっきりした7月末には，将来

の進路を確認するために，本人との面談と担任や学年主任，保護者，管理職を交えた懇談の機会をもった。その場でも，D男は特別支援学校を卒業し，その後定時制高校への進学を目指していくことを担任にはっきり伝えることができた。

　卒業までの間，学校では既に学習した内容の繰り返しだけでなく，新しく学習する内容を明確にした授業づくりに取り組むことを校内全体で共通理解した。また，D男だけでなく様々な実態の生徒に応じた分かりやすい授業を工夫することで，学ぶ意欲をもって取り組めるような授業へと改善を進めていくことを教師間で確認し，実践することにした。

[8月以降]

　D男は，ときどき気分が沈むこともあり，卒業までの間に遅刻や欠席を完全になくすことはできなかったが，2週間に1回の担任や養護教諭との面談を続ける中で気分転換をしたり，生活リズムや体調を整えるためのアドバイスを受けたりしながら進学に向けて学習を進め，学校生活を継続することができた。また，卒業までの間には修学旅行などの行事もあったが，D男は参加して友達と楽しそうに過ごす姿も見せるようになり，卒業時には「今は，特別支援学校に来たから色々考えることができてよかったと思っている。」と担任に話したとのことであった。そして，卒業後はD男が希望する定時制高校へと進学していった。

(6)考察

　D男は，小学校の頃から周囲とうまくなじめず，一時全くの不登校状態になったことがあり，学習の遅れから中学校では特別支援学級に入級し，そのまま教師の勧めを断り切れずに特別支援学校に進学する。D男自身も何か自分が周囲となじめないでいることに，違和感を感じていたのではないかと推察される。しかし，それが明確に意識化されることなく外的指向性の高い状態で，周囲の考えに流されながら過ごしてきた。青年期を迎え，自分がどう生きていきたいのかということを自問し，悩み苦しみながらD男は学校生活への不登校という形で行動化した。それまでは，周囲からの強い働きかけがあれば，それ

に逆らうことはせず生活してきたが，高校生になりやっと自分の気持ちを表現することができ，そのことがあって両親や教師も本人の思いを真剣に受け止めることができた。

　D男の行動化の具体的なきっかけは，D男が2年生になったとき，特別支援学校の授業は学年が進んでも同じような内容を繰り返し学習することに気づいたり，2年生から始まる企業等における現場実習は障害者雇用として就職するためのものであるということを知ったりしたことから，自分自身の思い描く人生と違うという気持ちを強く持ったことであった。特別支援学校において知的障害児は，具体的な経験を交え，時間をかけて繰り返しながら学習を積み重ね，知識や技術，態度を身に付けていく。授業では，1つの学習内容に費やす時間や情報量，扱う知識の内容については，障害の程度に応じて配慮や工夫がされる。障害の程度が軽度であってもそうした学びの特性を考慮した指導計画が立てられ，授業が行われる。そんな中で，D男は「自分は友達とは違う。」と他者への意識が芽生え，そのことがさらに自分への気づきにつながり，周囲との違和感となって現れたと考える。

　そのタイミングでD男との面談の機会を設定したことで，D男は自分の感じている違和感を表現することができ，それに応じて教師や保護者など周りの大人が真剣にD男の話に耳を傾け，必要な情報提供を行うことができた。D男の他者意識，自己意識の芽生えとともに，周囲の大人がそれを認め支える環境を整えることができ，D男は自己を見つめる環境を得て自己肯定感を高めることができたと考える。D男はこうした関わりを得たことを契機に，「自分はどう生きるべきか」という問いに悩みながらも，将来について考えることへとつなげることができた。また，これまで家庭でも語ったことがなかった過去の自分についても振り返り，その時の自分の置かれた状況や感情についても語ることもできた。すなわち，中学校で特別支援学級に入級したこと，特別支援学校へ進学を決める際に教師の勧めで診断を受け，精神障害者福祉手帳を取得したことなどは，納得してはいなかったけれど「仕方がない。」と従っていたと，自分の感情を再体験することができた。こうした関わりにより，D男は過去の自分，今置かれている現状，そして将来の希望へと自己理解を深めていくことができたと考えられる。

D男の行動化を受け止め，D男に寄り添いながら気持ちを丁寧に聴き取り，学校と家庭が連携して対応することができたことで，D男が自己意識に目覚め，自分の考えを表現することができたと考える。とりわけ，特別支援学校の教師がチームとなり，D男が表現したことの意味を問い，必要な情報提供をすることで，D男自身が自分の将来の目標を立てそれに向かって行動することを支えることができたことが有効であったと考えられる。

D男は希望した進路に進むことができたが，「大学に進学し歴史の研究をする。」という夢を語るなど，やや現実吟味や自己評価の客観性においてはまだ課題が見られる状況ではあったが，このD男の事例は，障害と健常のはざまを生きる軽度障害の生徒をめぐり，検討すべき問題を提供してくれたと考える。

3.2.2　事例2

（1）対象生徒
E男　特別支援学校高等部2年　男子

（2）主訴
クラスに苦手な生徒がいるため，教室に入れず，授業に参加できない。参加できる授業を選んで登校したい。

（3）家族及び生育歴
父親，母親，E男の3人家族。母親は専業主婦で，E男に対しやや過保護である。また，父親も母親のE男に対する心配に理解を示し，母親の支えとなっている。

E男は，幼稚園に入園するが集団になじめずほとんど通園できなかった。4歳のとき，幼稚園の先生からの勧めで病院を受診し「自閉症」の診断を受け，療育手帳C級（知的障害の程度が軽度の判定）を取得している。以後，医療機関に定期的に受診している。聴覚に過敏性があり，また予想できないことや新しいことへの不安が強い障害特性から，人の集まるところや子どもが大勢いるところには行きたがらない傾向がある。家ではテレビや絵本を見ておとなしく過ごす子どもで，マイペースで過ごせる家庭では大きな問題は感じずに過ごして

きた。

(4)事例のアセスメント

自閉症の診断を受け，聴覚に過敏性があり集団での活動が苦手である。また，睡眠障害のため朝起きることができず，生活リズムが整わないなどの特性も見られる。障害や特性に理解を示しつつ，E男が学校生活に参加するための方策をE男自身が教師と共に考え，E男が納得して行動できるように支援することが重要と考えた。

(5)経過

ア 特別支援学校高等部入学までの経緯

小学校では通常の学級に在籍した。体調がすぐれないときなどは欠席（月に2，3日程度）や遅刻・早退（ほぼ毎日）は多いが，不登校になることはなかった。野外活動や修学旅行など宿泊を伴う行事は欠席した。

中学校では，クラスに乱暴な子がいたため教室に入れず，登校してもほとんどの時間を別室で過ごしていた。一方で，理科の実験や美術の作品作り等は得意で喜んで参加したり，数学や理科などE男が興味のある授業には一部参加したりすることができた。また，文化祭や遠足などの行事にもクラスの友達と一緒に参加することができた。しかし，中学校においても，宿泊を伴う行事には家庭から離れることができず，全く参加することができなかった。中学校時代は，各学年とも1年間の欠席日数は数日でほとんど出席することができているが，登校した日はすべて遅刻である。

特別支援学校高等部への入学は，先生と母親が勧め，E男は説明を聞くことで納得して試験を受けた。E男は，受験した理由について，「将来の生活や進路に役立つと考えたし，友達や先輩など知っている人もいたから。」と話している。

イ 入学後の経過

中学校までは，集団生活になじめず，授業に出られないことが多かったが，高等部に入学後1年生の間は，新たな環境でがんばろうと前向きな気持ちが支えとなり，授業や行事のすべてに参加することができた。中学校では，登校し

た日はすべて遅刻だったが，高等部1年生の遅刻は1年間で1日のみであった。ただ，クラスの中で大きな声を出したり，突発的な行動をとったりする生徒には苦手意識をもち，その生徒とはうまく関わることができなかった。

　2年生になるとクラス替えがあり，そのクラスが自分の希望と違い，軽度障害で仲良くしたい友達とは同じクラスになれず，苦手な大きな声を出したり，感情を爆発させたりする生徒と同じクラスであったことから，かなり落胆し，登校する意欲を無くし，「退学したい。」と漏らすようになった。保護者が困惑し，担任や学年職員を通して管理職である筆者に直接相談の申入れを行ったことから，筆者と本人との面談を開始することになった。その後，筆者との面談の内容については，E男の許可を得て教師間で情報共有をし，クラスを替えることはできないが，習熟度別の学習グループ編成の中で，E男が親しい友達と同じグループで学習できるように配慮したり，E男が興味・関心をもちやすい内容を授業に取り入れたりして参加しやすい状況を作りながら，担任や学年主任が授業への参加を促した。E男は自分で授業を選んで参加し，少しずつ参加する授業時数を増やしながら，週に3，4日，1日に2時間程度の授業に参加することができるようになった。

　　ウ　面談の記録
　[2年生4月　面談開始前の状況]
　2年生になり，クラスのメンバーと担任が変わり，それが自分の希望と違っていたことにショックを受け，登校できないことが続いた。E男は，「仲の良い友達がいないだけでなく，クラスのメンバーは，（軽度障害ではあるが聴覚に過敏性のあるE男にとって苦手な）[4] 声の大きい生徒や，障害が重度の（コミュニケーションをとることが難しい）生徒ばかりで，教室に入りたくない。」と言っていた。

　担任や学年主任から，E男の思い込みが解けるように丁寧に説明し，学級編制の経緯やE男にとってのメリット，新しいクラスの友達に対する理解が深まるよう何度も話したが，E男は納得ができず，その後も欠席が続き，4月は出席すべき日数の3分の2ほどを欠席することになった。

---

4)　E男の発言内の（　）は筆者補足。

［2年生5月］

　5月の連休が明けてもなかなかE男の気持ちが変わらず，登校する気持ちが高まらない様子であったため，E男の両親が筆者との懇談を希望して来校された。両親を交えて，本人，担任，学年主任，筆者で懇談をもった。懇談の中で，母親からは「E男は，学級編制の経緯を説明してもらったが，納得ができていない様子だ。奇声をあげたり，自己主張が強かったりする子が苦手であり，我慢を強いられる教室には入れないと言っている。」と話された。E男が納得できない限り登校は難しい様子であることが分かり，両親の希望もあり，またE男自身も筆者と話したいと希望していたことから，解決の糸口を探るため筆者がE男と面談を行い，E男の気持ちをしっかり聴き，E男に寄り添いつつ，学校生活や今後の進路についても話し合っていくことにした。筆者との面談は5月に2回行い，その中でE男の現在の生活の様子や今後の希望などについて話を聴いた。

　最初E男は，「自分の障害特性から音に過敏であるため教室に入れない。睡眠障害があるため朝起きられない。」と自己弁護的な内容の話を繰り返した。E男が話すのを否定せずに聴くうちに，E男は自分でも，「学校に来ないままではいけないと思う。」と話すようになった。「どんな授業が好き？」「何の教科が好き？」という質問をすると，「結構数学はできる。幾何が特に好きだし得意。」とか「理科の実験には興味がある。物理が得意なんだよね。」などと話し，そのうちに，「本当は授業は好きだ。」とも言うようになった。

　「それでは，授業に出るためにどうしたらよいだろうか。」，「登校するために朝起きられるようにするにはどうするとよいか考えてみよう。」と話を投げかけると，「クラスで行う授業以外だったら出ることができる。」とか「(朝起きるためには)夜中までゲームをしない。」「(医師から処方されている)入眠剤を早めに飲んで早く寝る。」などの対処策を自分で考えて言うことができた。

　E男自身が具体的な行動を自分で提案したことで行動に移す気持ちになったことや，E男の許可を得て筆者が母親や担任にもそれを伝え共有したことで，タイミング良く声掛けをして励ましてもらうことができ，E男は自分で話した対処策を実行に移していった。その結果，5月の欠席は出席すべき日数の3分の1ほどの日数に減らすことができた。

「2年生6月〜7月」

5月に引き続き、筆者との面談を2週間に1回程度実施した。面談では、そのときどきの本人の状況を聴き、困っていることを解消できる方法を話し合ったり、今後やりたいことを聴き取ったりした。

E男が、「数学は簡単すぎるので、難しい問題を出してもらいたい。」などと話すので担任や授業担当者と情報を共有し、授業で個別の問題を出してもらったり、授業や活動に、E男の興味・関心のある内容を取り入れてもらったりした。「急に声を出す子がいるのがつらい。」と、教室に入ることに抵抗がある様子が見られたので、クラスの活動では、大声を出す生徒と席を離すなどの配慮をすることで、授業に参加しやすい状況を作るようにもした。

その結果、週に1日程度の欠席はあるものの、登校することができるようになった。主治医から「無理をせず、1日2時間程度の参加がよい。」との意見が出されたため、毎日遅刻・早退をしながらの登校であった。6月には、1日中校内で作業実習を行う校内実習週間があったり、遠足があったりしたが、特別な日の参加には意欲を見せ、朝から終日参加することもできた。ただ、体力があまりないので、行事があった翌日は疲れて欠席することが多かった。

面談では、行事の内容について自分が頑張ったことについて雄弁に語り、得意そうな様子を見せ、筆者は終日参加できたことを大いに褒めた。E男にとっても終日出席できたことは自信になり、学校に登校する意欲にもつながってきている様子であった。

[2年生9月〜12月]

学校生活や授業への参加が安定し、落ち着いてきたので、この頃から月2回の面談を月1回程度の面談とした。E男は面談の中で、幼少期から受診している病院の主治医とのやり取りの内容や病院の心理士とのカウンセリングでは絵を描いていることなどを話した。カウンセラーに勧められて描いた絵をこの頃は得意げに毎回持参し、見せてくれるようになった。11月の文化の日周辺の1週間は病院の廊下に絵を展示してもらったことも、嬉しそうに報告した。

授業への参加も少しずつ増え、E男が得意な数学や理科の授業で取り上げてほしい内容について話をしては、筆者に担当教師に伝えてほしい、と要望して

きた。これまで，E男の学校への登校を促すために，E男の許可を得て筆者の方から担任や教科担任に伝えることを繰り返してきたためだと考えられる。筆者は，E男に「自分で伝えてみてはどうか。」と提案し，E男自身が自分の言葉で考えを伝えることを促したところ，E男は担任や教科担任と話すようになり，教師たちも授業でやれる内容や範囲についてE男と相談しながら授業に取り入れてくれるようになった。

E男は小学校高学年程度の各教科の内容が理解できるレベルであったが，自分の学力や理解できる学習内容等については客観的に認識できないところもあり，「幾何や物理がやりたい。」などと，やや実態に合わない望みを話すこともあったが，担任や授業担当教師もE男の発言を否定することなく，無理のない範囲で授業に取り上げたり，希望する内容を含めてE男の理解できる内容を宿題に出したりしてくれた。E男の要望を取り入れることでやりたい気持ちを大事にし，通常の授業の内容にも少しずつ取り組めるよう参加できる場面を増やし，学校生活全体に意欲をもって取り組むことができるように工夫した時期であった。

[2年生1月〜3月]

2学期は学校への登校も無理なくできるようになってきていたので，3学期は毎日登校して終日学校で過ごすことを目指すのはどうかと尋ねると，E男は，「(主治医の)先生の指示があるから。」と言ってそれには応じず，1日2，3時間を学校で過ごすというところから広がることはなかった。週に4日登校することは問題なく継続することができた。

また，E男の興味のある授業から参加を始め，それを継続することで学校生活にも馴染んできたことから，友達や教師との関わりが増え，誘われて徐々にクラス活動へも参加できるようになり，苦手としていた教室に入ることもできるようになった。もともと行事に喜んで参加する傾向があったことから，担任がE男の得意とする内容やできそうなことを役割として示したところ，卒業式や卒業生を送る会などの行事に自ら取り組む姿も見られた。

2月に実施された進路先開拓を兼ねて行われた事業所における実習では，欠席なく2週間終日参加することができ，卒業後の進路を目標にしてがんばろう

という気持ちが窺えた。筆者との面談においても、「数学や理科の先生が、自分用に宿題を出してくれている。」と個別の宿題を出してくれることや個別に教えてくれていることなどを報告したり、「自分は卒業生を送る会のプログラムを考えて作った。」など行事に向けてクラスの中で役割をもって取り組んでいることを話してくれたりした。この頃には、学校生活を少しずつ楽しめるようになってきている様子が窺えるようになった。

[3年生4月〜7月]

　3年生に進級したが、自分が思っていた担任でなかったことでショックを受け、年度当初はまた登校することができなくなってしまった。再度、両親の希望で担任や学年主任に筆者を交えて、保護者及び本人との懇談を行った。そこでは、卒業を迎える1年であることから、卒業後の進路に向けて学校生活への規則正しい参加が必要となってくること、少しずつ社会で働くための体力も付けていくことが必要なことを話し合い、確認した。

　まずは、1日に2, 3時間ではあるが安定して週4日間学校に登校していた2年生時の状態まで早期に立て直すことを目標とした。保護者や学年教師からE男の安心感を取り戻すために、昨年度と同様に筆者との面談を継続することがよいとの意見が出され、筆者も早期立て直しのために同じ対応が必要と考え、月1回の面談を継続することにした。

　E男は懇談後の5月連休明けからは、筆者との面談に訪れるようになった。「家ではどのように過ごしているの。」と尋ねると、「ゲームをして過ごすことが多いので、つい昼夜逆転してしまう。」と答えた。学校がつまらなくて、家ではゲームに没頭しているため生活のリズムも乱れて余計に学校に来られない状況になっていた。「2年生の2月に行った卒業後の進路先を見据えた実習には毎日終日参加することができたので、卒業後に働くためにはそれを継続できるように体力づくりが必要だね。」と話すと、E男は「そのことは自分も考えている。」と言い、生活を整えなくてはという気持ちはある様子であった。ゆっくり話をするうちに気持ちも落ち着き、E男は「朝早く起きられるようにして、来週から○曜日の○○の授業に参加する。」など参加しやすい授業を選んで、具体的な行動目標を決めることができた。それをきっかけにして、参加する授業を少し

ずつ増やしていくことができ，1学期末には週に2，3日の登校ができるようになった。

[3年生9月〜12月]

　1学期末から夏季休業中には担任が両親と懇談したり，担当者間で対応を話し合ったりして，卒業後の進路への移行をスムーズに行うための方策を検討した。その中で，毎日の生活リズムを整え，何とか毎日家から出て活動する生活を目指すことを第一の目標とすることになった。そのためには，学校に登校することにこだわらず，学校に登校しない日は，E男の進路先の事業所で実習する日も1週間の生活の中に組み込んで考えていくことにした。進路指導主事より，2年生の実習で進路先候補である福祉事業所での実習に欠席なく参加できたことから，卒業後の事業所への移行を考え，現場実習を週に1回継続し，残りの4日間を学校に通学する方法の提案があったためである。2学期初めに，この提案を本人・保護者との懇談をもち説明したところ，本人も保護者も受入れ，むしろ希望して実施することになった。

　実習先の事業所では，学校と連携してE男に合った実習内容を用意してくれ，軽作業の他，コミュニケーションスキルの向上を目指したアサーショントレーニング，ソーシャルスキルトレーニングなどのプログラムが組まれ，本人は意欲的に取り組めるようになった。

　E男は，筆者との面談のときには，事業所で行ったコミュニケーションスキル向上のためのプログラムで使ったプリントを持参し，実習した内容などを説明してくれた。4日間は2，3時間を学校で過ごし，1日は事業所に出かける生活にE男はなじんでいる様子であった。

　2学期には修学旅行があったが，E男は参加に意欲を見せ，学級の仲間と一緒に「しおり」作成を担当したり，調べ学習の授業に参加したりとクラスの仲間との交流も進んで行うようになっていた。人生2度目の家庭から離れて宿泊をする経験をすることができた。

[3年生1月〜3月]

　3学期当初，休み明けから朝が起きられないことが続いた。寒い時期でもあ

ることから，朝起きられない状態はすぐには改善せず，学校や事業所に定刻から遅れて，あらかじめ本人が決めた時刻に登校・通所している状態であったが，徐々に体も慣れて朝から登校・通所できる日が増えてきた。主治医の指示は変わらず，「本人のペースを崩すような働きかけはあえてせず，毎日できる限り同じペースで活動に参加できることを目指す」という方針の下，大きな変化を求めず，現状維持で取り組むことになった。しかし，卒業を目前にして，2月に入るとE男も社会人となる意識が高まり，自分から希望して長い時間学校で過ごしたり，学級の集団活動にも参加したりするようになってきた。授業においても，1日2時間に加えて，信頼する先生の授業その他学校行事などに参加する場面を増やしていくことができた。

　面談では，授業に参加したときの様子や朝起きるため自分でゲームの時間を制限し，努力していることなどを話した。本人の話をよく聴き，活動に参加した達成感や意欲に共感し，その時々の問題に応じたアドバイスを継続しながら，E男を支えるようにした。2月半ばからは，卒業に向けての取組や卒業式の練習があるため，面談に来ることはなくなったが，担任や学年担当教師の報告から，E男が卒業を意識して色々なことに意欲をもって参加することが増えている様子を知ることができた。この頃は，自分から事業所に通うことはやめて毎日学校に登校し，最後の学校生活をしっかり送って卒業式を迎えることに決めたとのことであった。3月初旬の卒業式までは，終日しっかりと学校での日課をこなし，卒業式を迎えることができた。

(6)考察

　E男は，高等部入学前から不登校傾向があり，集団生活に参加することが困難であった。特別支援学校高等部に入り，1年生の間は，信頼できる担任の支えを得て「卒業後の進路に向けてがんばろう」という目標をもつことができ，毎日学校に登校し，朝から授業を受けることができるようになった。また，初めて宿泊を伴う行事に母親と離れて独りで参加する経験もでき，両親も初めての大きな変化に驚くほどであった。しかし，2年生になると，心の拠り所になっていた1年時の担任が変わり，クラスには，聴覚に過敏性のあるE男が苦手とする大声を出したり暴れたりする生徒がいることで，再び睡眠障害や不登校

の状態に陥ってしまった。Ｅ男は大好きな担任が代わったことに対する対象喪失体験から，１年間頑張り続けてきた気力を失った状態であった。担任や学年主任がクラス編制をした意味やクラスの友達の良さをどのように説明してもＥ男は納得できず，状況を改善することができなかったことから，筆者は，Ｅ男との信頼関係を築き，学校生活への適応を高めることを目標にして面談を開始した。これは，ネガティブなストレス体験に対しどのように対処するかということよりも，今後の生活に挑戦する対処法（ポジティブコーピング）が効果的（坪井 2010，pp.3－4）との考えからである。このコーピングは，喪失や脅威の刺激をネガティブに捉えてリスクマネージメントするのではなく，自己成長的な機会として目標志向的にゴールマネージメントとして目標に対する対処を考える（坪井 2010，p.4）ものである。

　面談では，本人の状況をじっくり聴き取り，関係者と情報を共有しながら，Ｅ男が学校生活に参加するために課題となっている登校することや授業及び教室での活動に参加することを目指す方法を模索した。面談の中では，「ゲームの時間を制限する」とか「入眠剤を飲んで早く寝る」など，できる限りＥ男の口から解決の方策を具体的に導き出させ，Ｅ男が自ら行動できるように取り組んだ。

　また，卒業後社会人になることを目標とし，１週間の生活の中に登校する日と進路先の事業所に通う日を設け，進路に向けて実習を継続することを目標実現につながる具体的行動としてＥ男との間に位置付けられたことも効果的であった。Ｅ男には，辛い心情に共感することよりも，むしろ具体的な行動目標を共有し，生活リズムを整えることが心身の安心や安定につながり，効果的であったと考える。特に，学校に登校することだけにこだわるのではなく，Ｅ男がまもなく卒業を迎えることから，週に１日事業所での実習を継続するなど進路への移行を考えた柔軟な対応を取れたことも，Ｅ男自身が将来の生活への見通しをもって取り組むことにつながったと考えている。

　Ｅ男の事例からは，障害特性に配慮した環境調整と信頼できる支援者の存在は重要であるが，それと共に具体的な行動目標を共有し，本人が自ら行動に移すための方策を提案する機会を与え，それを励まし支えることがさらに重要であると考えられる。ただ，Ｅ男の言動からしばしば窺えるように，現実吟味の

力が弱く，自分自身の能力や状況を客観的に捉えることが不十分な軽度知的障害生徒への支援についての対応については十分な実践を行うことができず，今後の課題として残った。

3.3 総合考察

3.3.1 事例を通して確認した軽度知的障害生徒への対応

　本章で取り上げた2事例は，障害の程度が軽度であるが故に，小学校の頃から学校生活の中で人と比べてうまくいかないことを感じることが多く，また，失敗体験を重ねることが多かったため，ポジティブな自己像や自己の目標をもちにくい状況で育ってきたと考えられる。事例で示したD男やE男は，高等部入学前から不登校状態が認められている。しかし，特別支援学校に入学し，生活に根差した体験的で繰り返し学習する「分かる」授業を受けたことで，自分は他の生徒より「できる」，そして「もっとやれるのではないか」というポジティブな思いを持ち，「自分は友達と違う」，「自分は障害者なのだろうか」といった自分自身や自分の障害について考えたり，自分の今後の将来について考えたりするようになった。このような軽度知的障害生徒に特徴的なプロセスに教師が寄り添い，本人の意思を丁寧に聴き取り，適切な支援を行うことで，阿部・廣瀬（2008，p.55）の言う軽度知的障害児の「安心，自信，自己肯定感」の獲得が可能となると考える。

　2事例への対応においては，こうした本人たちの意思を尊重し，個別に思いを十分聴き取り，そこから解決を導き出すような対応を重視し，将来の目標に向けて現実的で具体的な情報や解決策を示しながら面談を進め，学校生活への適応を図るようにした。阿部・廣瀬（2008，p.56）も，「具体的な行動指標を手がかりにして，日常的に教師が実施できる支援内容・方法が求められる」と述べている。

　一方で，事例の経過に見られるように，障害の程度が軽度であっても，「大学に入学して歴史の研究をしたい」（D男），「物理や幾何が得意」（E男）と話すことから，自分の能力や状況の把握の点において客観性や妥当性が不十分な面は見られ，本人たちが自分自身を正しく認識できるような支援が必要であるこ

第 3 章　学校不適応を示す生徒の自己理解の過程

とも分かった。知的障害児は，その人が置かれた環境や経験により，自分の能力を過剰に高く評価したり，反対に劣等感を抱いたりして，客観的で妥当性のある自己認知に至りにくい（例えば，松岡 1977，p.78；小島 2007，pp.18 - 22）ことを支援者は理解し，生活の中で本人たちがより具体的・客観的に自己を評価できる指標を示すと共に，その過程を支えることが重要となる。

3.3.2　軽度知的障害生徒の障害受容・自己理解

　「障害受容」においては，単に障害があるという事実を認めることではなく，それを認めながら今後の人生において自分をどう価値づけていくかということが重要である。

　D 男は，中学校 3 年生の時に担任の勧めで受診をし，「広汎性発達障害」との診断を受け，精神障害者保健福祉手帳の交付を受けた。しかし，それには納得することができず「障害者雇用」で就職することを受け入れることができなかった。健常と障害のはざまを生きる人は，このように自分自身の生き方の選択を含めて自分自身をどのように理解するかということが問題となる。高等学校への進路を選んだ D 男は，「特別支援学校に来たから色々考えることができてよかった。」と話し，特別支援学校で学んだことを自分の人生の中に価値づけることができたが，彼自身の自己理解，障害受容については今後の彼の人生においてさらに深めていく必要がある課題である。

　E 男も自分は「自閉症」の診断を受け，聴覚の過敏性や睡眠障害などの症状があることを自覚し，そのことをある意味自分の盾としてきた。しかし，自分より障害が重度な生徒たちが多い環境の中で，自身も軽度ではあるが知的障害があることへの認識は薄く，物理や幾何の問題を自分はやれる，との思いをもっていた。このことから知的障害生徒本人が「知的障害」を理解することは，障害があるが故に，また，身体障害に比べ目に見えない捉えにくさがあるために困難さがあることが分かる。知的障害生徒の多くは，自己の障害を「障害」としてではなく，具体的な自分の苦手さ（話すことが苦手，大きな音が苦手，変化が苦手等）として捉えることが多いのではないかと考える。山田（1995，pp.4 - 5）の軽度知的障害者に対する調査においても，「障害あり」と回答したのは 79 名中 35 名（66％）であり，「わからない」12 人（15％），「ない」15 人（19％）という

65

結果であった。さらに、「あなたの障害は？」の問いに対しては回答の半数が自分の能力や性格，行動に対する苦手なところを答えており，41％の人は「答えたくない」、「わからない」と回答している。

　軽度知的障害生徒の障害受容については，障害そのものの理解というのではなく，生徒自身が様々な場面や機会を通して自分の性格や特性，自分のできること，できないことなどを自覚することができるようにし，自分の能力や適性を含めた自分に関することの理解，すなわち自己理解をすることとの関連をもって捉えた方がよいと考える。

3.3.3　軽度知的障害生徒への指導・支援の在り方

　D男やE男の事例では，それまでの不登校経験など以前からの不安定要素はあったものの，就職に向けて具体的な動きが始まったときやクラス編制があったときなど，生活が変化するときをきっかけとして学校不適応が起こっている。このことから，特に変化のある時期には，事前に十分な説明と対応をし，不安に対する対処が必要であったと考えさせられる。特別支援学校に入学してくる軽度知的障害生徒の状況や実態は様々であるが，それ故に生活が大きく変わる高等部入学後の早い時期に，一人一人の生徒の特別支援学校進学に対する意識や特別支援学校への期待，入学時の目標などを把握することが大切であることを2事例が示してくれたと考える。生徒の実態把握をした上で，これから始まる特別支援学校での学習や将来の進路に向けての取組について情報提供を行い，指導をスタートさせること，つまり，特別支援学校入学後，新たな現実にとまどったり驚いたりする前に，十分な事前の情報提供と説明，および本人の同意(インフォームドコンセント)が必要と考える。

　細渕(2000，pp.20－21)が指摘したように，特別支援学校高等部においては，卒業後の職業生活への移行に対する意識が高く，入学時の一人一人の生徒がどのような意思決定のもと入学してきたかを細かに把握することなく，作業学習や職業自立に向けた指導を始めてしまいがちである。しかし，高等部段階の生徒には，自己を意識し確立するという発達課題があることを教師が認識し，生徒に自分自身を見つめさせ，自分が将来どのような人間になるのかということを考えさせる学習を職業教育の中で充実させることが重要である。

そして，その指導に当たっては，軽度知的障害生徒は，障害の特性から自ら自分自身を客観的に評価し，振る舞い方を学び取ることは難しいことから，教師が有効な支援方法を開発し，活動を意図的に設定することが必要（阿部・廣瀬 2008，p.58）である。具体的には，教科「職業」の中に「自分を知ろう」や「生きること・働くこと」といった単元を設けるなど，自分自身の理解を深めたり，将来の展望を描いたりする学習を積極的に行うことも１つの方法だと考えている。Ｄ男やＥ男の事例においては，面談を重ね，自分の行動目標を具体的にしながら適応を図る方法を取っていったが，その際にはやれないことをやれるようにするための方策や手順を一緒に考えることや，関わる教師間の情報共有及び面談の継続など問題解決に向けて努力し続けられる環境を整えることが効果的であった。また，自分自身を客観的に理解するということが今回の支援事例では課題として残ったが，今後は，軽度知的障害生徒が自分のやれること，やれないことを率直に評価できる機会をつくることも重要であると考える。軽度知的障害生徒自身が自分にとって妥当な目標や将来の展望をもつことができるよう，自己評価の経験を積み重ね，客観的な自己評価に至るための支援方法の検討が求められる。

　さらに，高校生年代には同じ目標をもつ同年齢の生徒との関係形成も特に重要と考える。Ｅ男の事例では，語り合える軽度知的障害生徒と同じクラスになることを望むＥ男の訴えがあったが，やはり同年齢の生徒同士が語り合う時間，協力し合いながら問題解決に当たる時間の設定が必要であり，生徒の成長には欠かせないことと考える。今後の実践研究では，生徒が自分自身を見つめ，自己理解を深めていけるような学習内容を仲間と一緒に考えたり，話し合ったりする活動も指導計画に意識的に組み込んでいくことが必要である。

　こうした教育活動や体験を通じ，今後さらに本人が自分自身についての理解を深め，地域や学校，社会での生活の中で，どのように振る舞うのが適切なのかということへの理解をより広げていけるような指導・支援の開発を進めていきたい。

第**4**章

軽度知的障害生徒の学校生活に関する意識*

― 特別支援学校高等部における質問紙調査をもとに ―

4.1　問題の背景及び所在

　我が国においては，2001 年に文部科学省から示された「21 世紀の特殊教育の在り方について　一人一人のニーズに応じた特別な支援の在り方について（報告）」第 3 章第 3 項で，高等学校や高等教育機関における支援の充実について述べられ，その後，高等学校における LD や ADHD，自閉スペクトラム症等の生徒への支援については十分ではないが徐々に進められてきているところである。しかし，軽度知的障害生徒の受入れと支援の在り方については，その後も具体的な施策や方向性は示されておらず，インクルーシブ教育システム構築を推進する上で大きな課題と捉えられるところである。こうした状況の中，軽度知的障害生徒の特別支援学校高等部への進路選択の在り方や特別支援学校における軽度知的障害生徒の指導の在り方について検討することは，有意義であると考えられる。

　まず本研究を始めるに当たり，先行研究から知的障害者の自己イメージについて概括する。知的障害者は，課題解決における失敗歴により外的指向性を増大させる（ジグラー・ゲイツ 2000，p.188）と言われ，「自分自身の能力が低いと感知したときに，より外的指向になる (p.216)」ことから，個人の無力感が大

---

*　第4章は，教科開発学論集第5号（愛知教育大学・静岡大学大学院教育学研究科同教科開発学専攻）
　に掲載された　伊藤佐奈美（2017b）「軽度知的障害生徒の学校生活への適応に関する研究 ― 特別
　支援学校高等部における質問紙調査をもとに ― 」を修正・加筆したものである。

きいほど，外的指向性が大きくなるとされている。そこでは，バイビー及びジグラー（1992）の実験結果を示し，非知的障害児では内的指向と外的指向との差は有意ではないのに対し，外的指向の知的障害児は内的指向の者より課題解決の成功が低いことを見出している。実験結果では，内的指向のサンプルの79％が実験課題を解決できたのに対し，外的指向のサンプルでは25％が解決できたのみであった。

　また，知的障害児の理想の自己イメージは低い（ジグラー・ゲイツ2000，p.65）とも報告されているが，それは，理想の自己イメージは現実の自己イメージから分化し，抽象的な思考の産物（p.62）であるためである。軽度知的障害児は同MAの非障害児より理想の自己イメージが低く，イメージ間の不一致も小さい（p.64 - 65）ものとなっていることが報告されている。ただし，軽度知的障害者間においても生活環境の違いによって理想の自己イメージに差異があったことが報告された。このことは，清水（1999，p.290）が，障害がある人の障害受容が困難なのは「障害（者）に対する否定的・非好意的な社会的態度をとおして障害者自身が自分の障害をみることによって，自己否定や自己低価値化がもたらされるからであり，その自己否定や自己低価値化が受容し難いためである。」と述べていることとつながる。障害受容においても理想の自己イメージにおいても，否定的・非好意的な環境で自己イメージを形成したか，理解ある環境の中で肯定的な自己イメージを形成することができたかということで差異が生じると考えられるのである。以上のことから，障害者が自分で意思決定したり，自己理解を深めたりする機会や環境があったかどうかが，その後の生活への適応や課題遂行に影響があるのではないか，との仮説のもとに検討を進めたい。

4.2　調査の目的

　第3章では，特別支援学校に入学する軽度知的障害生徒が示す学校適応に関わる問題について，事例を通して検討した。事例からは，高等部入学後の早い時期に，一人一人の特別支援学校への進学に対する意識や期待について把握し，特別支援学校の生活にスムーズに移行できるよう，また将来の社会生活への展

望が持てるよう，適切に情報提供すると共に，青年期教育すなわち自己理解を
図り自己を確立するための教育を開始することが重要であることを確認するこ
とができた。また，事例では，担任等が価値づけた目標を受け入れて行動する
ことは難しかったが，自分自身で設定した行動目標に向けては遂行しようと努
力したり，自分自身が進路決定を行ったことで生活を立て直したりする姿が見
られ，自己決定がその後の生活の適応によい影響を及ぼすことが確認できた。

　このことから，第4章では，特別支援学校に入学した生徒たちが，進学先決
定に際し自分で決定しているか，また特別支援学校の学校生活や学習内容をど
のように捉えているのかについて，あるいは特別支援学校で何を目標とし，特
別支援学校に入学した結果をどのように評価しているかなどについて回答結果
をもとに検討し，軽度知的障害生徒の学校生活に関する意識を明らかにするこ
とを目的とする。

4.3　意識調査の対象及び内容・方法

4.3.1　調査対象

　A校高等部の軽度知的障害 [5] 生徒78名を対象に，平成28年2月に質問紙
調査を実施した。対象と属性及び中学3年時の在籍を表4-1，4-2に示した。
ここで対象とする軽度知的障害生徒は，日常生活をほぼ支障なく送ることがで
き，会話による意思疎通がある程度可能で，経験のあることや複雑な内容でな
ければ指示に従って独りで作業にも取り組むことができる生徒たちである。

　中学3年時の在籍を示したのは，知的障害のある生徒には，知的障害のない
生徒と同じ学習内容を理解することが難しいと考えられるため，通常の学級に
在籍していたことは日常的に理解することができない自分，皆と同じ課題をこ
なせない自分を感じ続けねばならない環境で過ごしていたことが想定される。

---

5)　**軽度知的障害**　知的障害の程度を具体的に示すものとして，現在は廃止された309号通達（昭
和53年10月6日 文初特第309号）がある。そこには，「知的発達の遅滞の程度が軽度のもの」
とは，軽度の知的障害を指し，軽度の知的障害とは，日常生活に差し支えない程度に身辺の事
柄を処理することができるが，抽象的な思考は困難である程度のもの（IQ50から75の程度）を
いう，とある。

また，通常の学級では1クラス40名程度，特別支援学級では8名以下と生徒数に差があり，特別支援学級の方が個別の支援や配慮が受けやすい環境にあるということも考えられる。そうした環境の違いが，学校生活に対する意識の違いとして現れるかどうかについて検討したいと考えたためである。

表4-1　意識調査の対象及び属性

	対象（人）		
	男	女	合計
1年生	13	12	25
2年生	16	10	26
3年生	17	10	27
計	46	32	78

表4-2　対象者の中学校3年時の在籍学級

	中3の在籍（人，%）			
	通常の学級		特別支援学級	
1年生	6	24.0%	19	76.0%
2年生	7	26.9%	19	73.1%
3年生	4	14.8%	23	85.2%
計	17	21.8%	61	78.2%

4.3.2　調査内容・方法

　A校では進学先決定に際し，A校への進学を希望する中学生とその保護者には学校見学や教育相談を受けた上で高等部受検を決めてもらうようにしている。また，中学校に対しても，進路指導の中で本人や保護者が十分考える時間をもてるよう，早い時期から指導や情報提供を始めてもらうよう，働きかけを行っている。そうした中で，軽度知的障害生徒が自分自身の意思を就学先決定の際に関与させることができたかどうか，ということは重要なことである。本調査では，以下の項目で学校生活についての質問をし，生徒の学校生活に対する意識調査を行い，その回答から，就学先決定に関する自己決定の有無や中学校での在籍学級(生活した環境)が，「入学してよかった」かどうかの回答結果と関連があるかどうかなどについて検討する。

　質問項目(資料-4参照)は，

　まず，属性として，現在の学年，性別，中学校の時の在籍学級を尋ね，

① この学校への入学はいつごろ決めましたか？

② 進学先の学校は自分で決めましたか？　いいえと答えた人は，だれが決めましたか？

③ 進路を決めるとき，だれと相談しましたか？

④ 本校に進学を決めた理由は何ですか？

⑤ この学校で，あなたは自分の目標を持っていますか？　はいと答えた人は，
　その目標は何ですか？

⑥ 本校に入学してよかったですか？　その理由を書いてください。

⑦ 本校に入学して，役に立ったと思う授業は何ですか？

である。

　質問項目はすべて選択式で回答を求める問いであるが，回答に対する理由や
目標内容については記述式で回答する問いを加えている。なお，質問内容は，
軽度知的障害生徒が独りで読んで判断し回答できる内容とし，筆者及び研究協
力者3名で協議して作成し，担任または学年教師が授業時間の中で実施した。

　結果については，選択式の項目については回答数やその割合を示した。進路
先を自己決定したかどうかの回答結果については，学年間の差を χ 二乗検定
で分析し検討した。また，自分で決定した（しなかった）ことと学校生活への満
足度との相関及び中学3年生時の在籍学級と満足度との相関について検討する
ため，クラスカル・ウォリスの検定を行い，分析した。学年間の満足度の差に
ついては，クラスカル・ウォリスの検定で有意と認められた後にスティール＝
ドゥワスの多重比較を行った。

　さらに，学校生活における目標や満足の理由の記述を分析し，そこから生徒
の自己理解の状況について考察を加える。考察に当たっては，生徒の記述内
容を筆者と研究協力者3名の計4名で，KJ法で記述された内容ごとに分類し，
協議のもと共通する内容のまとまりに名前を付けカテゴリー化を行った。

4.4　結果と考察

4.4.1　進路決定について

　進路先を決定した時期について尋ねたところ，中学1年生で進路決定をした
生徒は2名，2年生が13名，3年生が63名という結果であった。80％以上の
生徒は，中学3年生で進路先の決定をしており，早い時期から進路先を決定し
ている生徒は少ないことが分かった。

　自分の進路先を自分で選択し決定したかどうか，という点について「進学先
の学校は自分で決めましたか？」という質問項目で尋ね，「はい（自分で決めた）」

表4-3 学年別に見た進路先を自己決定した（しなかった）人数

	自分で決めた			自分以外の人が決めた		
	男(人)	女(人)	人数(人)	男(人)	女(人)	人数(人)
1年生	12	9	21	1	3	4
2年生	10	6	16	6	4	10
3年生	10	5	15	7	5	12
計	32	20	52	14	12	26
	χ^2値	5.12		p値	0.077 *n.s*	

「いいえ（自分以外の人が決めた）」の回答数を**表4-3**にまとめた。

　「いいえ（進路先を自分以外の人が決めた）」と回答した者が26名（33.33％）おり，予想以上に多い結果であった。男女比は7対6となっているが，もともと男子生徒の方が人数が多いこと及び学年によっても人数のばらつきが見られることから，男女による差についての傾向は論じにくい。「いいえ」と回答し自分以外の人が決めたとする人数は，**表4-3**のように入学年度ごと（3年生から1年生へと）減少してきている。学年によって進路決定に際し「自分で決めた（自分以外の人が決めた）」結果に違いがあるかどうか確認するために χ 二乗検定で分析したところ，有意差は見られないが p 値が0.077と学年間に差の傾向は見られる結果となった。

　知的障害児の「自己決定」に関する研究は，1990年代以降，行われるようになった（例えば，近江ら2007，p.55；下地2011，p.12）とされているが，授業実践研究やそれに関する調査が中心で，生徒が自己の進路について決定することについて論じたものは見当たらず，筆者が確認したところでは，全国LD親の会の調査（2008，p.6）の中に高校を選んだ理由として「本人が希望した」56％と報告されているのみである。本調査では，全体では66.7％が自己決定しており，2008年の調査より割合は高くなっている。また，入学年度ごとに少しずつ自分で決めたとする割合が増えていることは，教育相談等の機会を通して自己決定の重要性を伝えることで，中学校の進路指導に少しずつ浸透してきているとしたら，評価すべきことだと考える。

　「進学先の学校は自分で決めましたか？」の問いに対し「いいえ」と回答した者に，「だれが決めましたか？」と複数回答で選択させたところ，**図4-1**のよ

うな結果であった。「いいえ」と回答した 26 名中 23 名が「先生」と答えている。次いで「母」の 14 名が多い結果である。その内,「母と先生」が決めたと回答した者は 7 名,「父母と先生」と回答した者は 2 名あった。

　進路先を決定する際に相談した相手については,「先生」と回答した者が一番多く 62 人,次いで「母」56 人という結果になっている(**図 4 - 2**)。相談者としても「父」と回答した人数は 24 人で「母」の半数にも至っていない。

　次に,進路先を決定した理由について,**図 4 - 3** に示した。多くの生徒が,将来の社会自立を目指して進路選択を行っていることが分かる。「その他」の回答は,「少人数であるから(2 人)」「就職できるから(2 人)」「同級生等と関係が深められるから(1 人)」「合格率が高かったから(1 人)」であった。

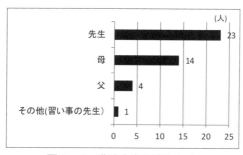

図 4 - 1　進路先を決定した人

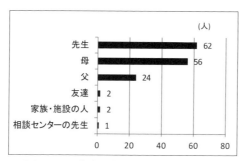

図 4 - 2　進路決定に際し相談した相手

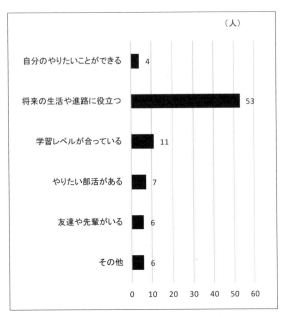

図4-3 進路先を決定した理由

4.4.2 学校生活における目標設定について

　表4-4及び図4-4に，学校生活における目標があるとした生徒が記述した目標を，研究協力者の3名の教師と共に，KJ法を用い目標内容を内容ごとに4つの大カテゴリーに分類し，さらに記述内容を示す3〜7の中カテゴリーを作成して分類したものを示した。併せて，学年ごとの記述数を右端に示した。大カテゴリーで学年間の回答内容を比較すると，就職や進路，社会人として働く力や生活力などに「社会自立」に関わる目標を挙げる者は，1年生に多く，学年を経るにつれて記述数が減少している。

第4章　軽度知的障害生徒の学校生活に関する意識

表4-4　学校生活における目標内容と記述数

大カテゴリー	中カテゴリー	目標内容	回答者の内訳		
			1.年	2年	3年
社会自立 35	就職（13）	就職する（10）（具体的な職種・会社を挙げたものも含む）	6	4	
		やりたい職場に着きたい	1		
		長く働けるような就職をしたい		1	
		働くため		1	
	社会人としての力(2)	社会人としての力を身に付ける(2)			2
	働く力・生活力(6)	働く力を身に付ける(4)	3	1	
		自分で判断できて自分で仕事ができるようにする	1		
		生活していくための力をつけたい			1
	自立(6)	自立する(2)	1	1	
		就職して給料をもらって一人で生活する	1		
		両親の元から離れ一人で生活する		1	
		就職をして社会人として自立をする			1
		就職して自立心を身に付ける			1
	進路（4）	卒業後の進路を考える	1		
		自分の道に進んでいきたい			1
		将来しっかりと進路の方向に進みたい(2)		2	
	社会貢献（2）	人に役立つ仕事をやりたいと思ったから	1		
		自分が役立つため			1
	安定した生活(2)	安定した生活をする			2
自己の課題 23	行動(9)	積極的に取り組む，苦手なことをいやがらずに取り組む(5)	1	2	2
		テキパキと行動，素早く行動(2)		1	1
		当たり前のことが当たり前にできるようにする		1	
		時間を意識して取り組む			1
	障害特性(注意力，整理)(5)	忘れ物，提出物，忘れることがないように注意する(2)		1	1
		ものの管理			1
		メモをしっかりとる	1		
		耳で聞いたことを理解できるようにする		1	
	体力(4)	体力をつける(3)			3
		長時間働くための体力をつける			1
	生活リズム(2)	規則正しい生活，生活リズムをくずさない(2)	1		1
	学習(2)	漢字，字をきれいに書く			1
		計算，時計の読み			1
	課題に向き合う	社会に出る準備をし，自分の課題と向き合う			1
対人関係 12	コミュニケーション(7)	コミュニケーションをとる，とりたい，とるようにする(6)		1	5
		コミュニケーション能力を向上させる			1
	周りへの配慮(3)	周りの人に気配りして物事に取り組む(2)	1		1
		周りを見て積極的に声をかける		1	
	言葉づかい，姿勢(2)	言葉遣いを気をつける			1
		話すときの姿勢を意識する			1

(表 4-4 つづき)

その他 3	明るく過ごす	明るく過ごすこと	1
	自信をもつ	自分に自信をもつ , 結果を出す , 注目される人になる	1
	学校生活	勉強 , 部活 , 友達関係	1

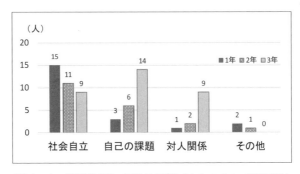

図 4-4　学校生活における目標（大カテゴリー別記述数）

　大カテゴリー別記述数を見ると，入学時は，将来を漠然と思い描き「社会自立」に関する目標を立てているが，学年が進むと学習や経験を経て自分自身に目を向け自己の課題などより身近で具体的な目標設定へと移行することができるようになった，と考えることができる。その結果，3 年生は，他の学年に比べると，自分の苦手なところを克服したり改善したりしようとする意識が強く見られ，「自己の課題」についての目標をあげる回答が多く見られた。また，「対人関係」における目標を掲げる者も他学年と比較して多いことが分かった。3 年生は企業等における実習を経験し，職場や社会における「対人関係」が重要と実感できた生徒が多いことがその要因として考えられる。

4.4.3　入学後の満足度

　「本校に入学してよかったですか？」の問いに対して，「よかった」「少しよかった」「あまりよくなかった」「よくなかった」の 4 件法で回答を求め，結果を表 4-5 に示した。「よかった」と回答した割合は 69.23 %，「少しよかった」を合わせると 93.59 % となった。進路選択をする際に，自分で決めた者と自分以外の先生や母親等が決めたとする者を分けて集計すると，自分で決めた者が 96.16

％，自分以外の人が決めた者88.46％である。両群に分けて4件の回答数についてクラスカル・ウォリスの検定を行ったところ，両群間の分布に差は見られなかった。

表4-5　入学後の満足度（進路を自分で決めた者・自分以外の人が決めた者の比較）

回　答	自分で決めた (人、割合)		（期待値）	自分以外の人が決めた(人、割合)		（期待値）	全体 (人)	
よかった	37	71.16%	36.00	17	65.38%	18.00	54	69.23%
少しよかった	13	25.00%	12.67	6	23.08%	6.33	19	24.36%
あまりよくなかった	1	1.92%	1.33	1	3.85%	0.67	2	2.56%
よくなかった	1	1.92%	2.00	2	7.69%	1.00	3	3.85%
計	52	100.00%		26	100.00%		78	100.00%
Kuruskal Wallis Test	χ^2値			自由度		p値	判定	
	0.48			1		0.49	*n.s.*	

　一方，学年ごとに満足度の結果を比較すると，学年間の満足度には差が見られた（**表4-6**）。それぞれの学年間の満足度について，クラスカル・ウォリスの検定を行ったところ，有意であると判定され，学年間の満足度には違いが認められる結果である。**表4-6**には，学年ごとの満足度の回答結果を示した。さらに，満足度を「よかった」＝4点～「よくなかった」＝1点と4段階に点数化し，平均点も併せて示した。学年間に違いが見られることが確認できたため，さらに，スティール＝ドゥワスの多重比較を行ったところ，2年生と3年生の満足度には有意差が見られた（**表4-7**）。中学校3年生時に通常の学級の在籍率が低い3年生は満足度が高く，通常の学級の在籍率が高い2年生は満足度が低い結果である。

　さらに，「よかった」「よくなかった」等を選んだ理由について，記述式で得た回答を，**表4-8**に示した。理由の分類は，KJ法を用いて筆者と3名の研究協力者との協議をもとに行った。なお，1人の生徒が複数の内容について記述している場合は，複数の回答として挙げている。

　よかった点として，学習及び友人関係についての記述が多くあった。学習面では，いろいろなことが学べたり体験できたりする様子や将来の生活に向けての学習ができていることの記述が多く見られた。また，友人関係については，

表 4 - 6　各学年の満足度の比較（クラスカル・ウォリスの検定結果）

| | 1 年 | | | 2 年 | | | 3 年 | | |
	(人)	(割合 %)	(期待値)	(人)	(割合 %)	(期待値)	(人)	(割合 %)	(期待値)
よかった	16	64.0	60.72	15	57.7	51.19	23	85.2	71.86
少しよかった	9	36.0	34.89	6	23.1	32.25	4	14.8	37.98
あまりよくなかった	0	0	-5.36	2	7.7	-1.19	0	0	-10.93
よくなかった	0	0	-5.36	3	11.5	17.75	0	0	-10.93
(通常の学級在籍率)	24.00%			26.90%			14.81%		
(学年ごと満足度平均・標準偏差)		3.64	0.49		3.27	1.04		3.85	0.36

kuruskal Walis Test	χ^2 値	自由度	p 値	判定
	6.15	2	0.046*	

*: $p < 0.05$

表 4 - 7　スティール＝ドゥワス多重比較結果

Steel-Dwass の多重比較検定結果			P 値	判定
1 年生	vs	2 年生	0.62	n.s.
1 年生	vs	3 年生	0.19	n.s.
2 年生	vs	3 年生	0.04	*

*: $p < 0.05$

「初めて友達ができた」「中学の時は同級生と関われなかったけど」などの記述が見られ，特別支援学校高等部に入学して友人関係を作ることができた様子が表されていた。

　次に，自分自身の苦手なところや課題を理解したり，それを克服したり，自分自身の成長を感じたりできている内容の記述も見られた。また，学校や先生との関わり，部活動についての記述も見られ，特に，先生への信頼感を表す記述内容は，生徒の生活を教師たちが支えている様子が窺えるものであった。

　「少しよかった」とする回答の中に，よかったけれど少し不安や後悔がある，という内容の記述がいくつか見られた。「あまりよくなかった」「よくなかった」と回答した 5 名の記述内容は，「中学の時にできていたことができなくなった」，逆に「勉強が難しい」「楽しくない」など，表 4 - 8 に示した 7 つの事柄について述べられていた。

第4章　軽度知的障害生徒の学校生活に関する意識

表4-8　入学後の満足の理由（複数回答）

よかった点 「よかった」 「少しよかった」 の回答から	学習	就職や社会人として必要なことが勉強できる(5)		22
		色々なことを学んだり，考えたり，体験できた(5)		
		自分に合った勉強ができる(3)		
		自分の課題が分かり，克服したり，将来を考えたりできた(3)		
		自分の知らなかったことを知ることができた，学べた(3)		
		仕事に関する勉強が多く，将来のことを考えやすい		
		作業や勉強がすごく役に立っている		
		勉強ができないことであまり悩まなくなった		
	友人関係	初めて友達ができた，同級生の友達ができた(4)		21
		友達がたくさんできた，友達が増えた(6)		
		心から信頼できる友達ができた(2)		
		友達ができて毎日が楽しい(4)		
		先輩や友達と出会えた(3)		
		友達のことやいろいろな役に立つことを学べた		
		友達と関わり人間関係がうまく関われるようになった		
	自己の成長	自分の苦手なことを克服できた，できることが増えた(3)		11
		自分自身が成長できた，自分のレベルを上げれた(4)		
		精神面と体力面の2つの面を鍛えられた(2)		
		将来のことや自分の先の見通しをもてるようになった		
		人前で話すなどできなかったことができるようになった		
	学校	交通の便がよい，家から近い(2)		8
		就職率が高い		
		行事がたくさんある		
		この学校に入ってよかった，ここに決めてよかった(2)		
		小学校の頃から早く行きたいと思っていた		
		入学できたことに感謝している		
	先生	先生が真剣にいろいろなことを考えてくれる		8
		信頼できる先生と出会えた		
		先生が一人一人のことをしっかり見てくれる		
		何よりも先生が愛情をもって教えてくれている		
		先生がしっかりしているし応援してくれるから		
		先生たちが気軽に相談などがしやすい		
		先生たちにいろいろ教えてもらっている		
		自分にチャンスを与えてくれたから		
	部活動	部活が楽しい(2)		4
		部活で体力をつけることができた		
		部活動のきびしさがよかった		
	生活リズム	朝，早く起きられるようになった(2)		2
	その他	毎日が楽しい(2)		3
		自分の居場所ができた		
不安や不満な点 「少しよかった」 の回答から		自分に長所ができるか		5
		一部の先生に不満をもっている		
		将来が少し不安		
		少し緊張と不安がある		
		中学校で通常の学級にいたことを後悔している		

81

(表4-8つづき)

よくなかった点	中学のときできていたことができなくなった	
	勉強が難しい	
「あまりよくな	学校の雰囲気	
かった」	先生の考え方がよく分からない	7
「よくなかった」	楽しくない	
の回答から	先生がうざい	
	自分の丈に合っていない	

4.4.4 特別支援学校高等部で役に立った授業

　特別支援学校高等部に入学後，受けた授業の中で，役に立ったと思う授業について最大3つまで選んでもらい，結果を図4-5に示した。
　一番多いのが「職業」である。「木工」「窯業」「紙工」「商品管理」「清掃」という授業があるが，これは「作業学習」の作業種目が授業になったもので，これらを「作業学習」としてまとめると回答数は62となり，「職業」の45を超える数となる。「職業」と「作業学習」を合わせた回答数は，全回答のほぼ半数を占めてい

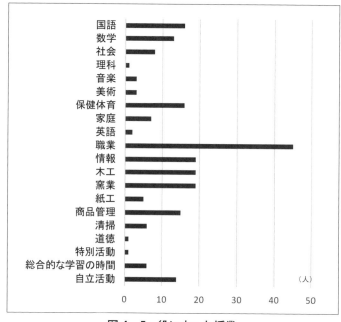

図4-5　役に立った授業

る。いずれも，社会自立，職業自立を目指して取り組む授業であり，具体的に働く場面を取り上げて，卒業後の就労や生活に必要な知識や技能を体験的に学ぶ内容となっている。生徒は直接将来の生活に役立つ内容を学習することができたと感じ，選択しているものと考えられる。

　次にあげられているのが，「情報」「保健体育」「国語」「数学」と並んで「自立活動」である。「自立活動」の授業は，自分の障害の理解やその対応について学んだり，担任教諭と悩みや生活上の課題についてカウンセリングや相談を行ったりする時間として設定されている。入学して「よかった」こととして記述された，自己の成長や課題の克服，先生への信頼感などの内容の記述との関連が示唆されるところである。

4.5　総合考察

4.5.1　就学先の自己決定の状況と高等部入学前の在籍学級が学校適応に及ぼす影響

　今回の調査結果から，就学先決定に際し3分の1の生徒が自分の意思で決定していないことが分かった。この結果は，知的障害児が多くの失敗歴から課題解決場面において外的指向性を増大させる（ジグラー・ゲイツ 2000，p.188）ことが多くの研究者から繰り返し提出されていることとの関連で検討する必要がある。中学校では，非知的障害生徒の中で，同じように課題をこなすことができないことから失敗体験を持ちやすい状況があると考えられる。特に，進路選択においては，軽度知的障害生徒にとっては未経験で見通しのもてない就学先決定という課題であることから，解決を安易に他者に委ねてしまう傾向が助長される状況にあることを理解した上で，指導にあたることの重要性を認識させられる結果と言えよう。

　また，本調査では，学校生活への満足度を学校適応の指標の1つと考え，生徒が就学先を自分で決めたかどうかの調査結果との関連で検討を行った。本調査の結果からは，「自分で決めた群」と「自分以外の人が決めた群」において全体としては学校生活への満足度の差は見られなかった。これは，今回の調査が学年末（2月）に実施されたものであり，特別支援学校高等部において一定期間の

学校生活を経た上での回答結果であることの影響についても検討する必要があったのではないか，と考える。すなわち，進学先の意思決定を行ったかどうかの結果の影響が，特別支援学校で1年近く学校生活を送る中で薄れていっているのではないか，とも考えられるということである。この点については，さらに詳しく第5章において入学直後の段階における意思決定と満足度との関連を調査し，検討を行いたいと考える。

　一方で，高等部入学前に「通常の学級に在籍した生徒の割合が多い学年」と「少ない学年」との間においては，学校生活への満足度において有意な差が見られ，「通常の学級に在籍した生徒の割合が少ない学年」の方が満足度が高い結果となった。本調査結果から結論づけることはできないが，生徒が積極的に自身の生活に関わり，満足度を高めるためには，失敗体験や自分のうまくできなさをより多く感じる環境よりも，少人数の中で自分に合った学習を行い，自信を高められる環境の方が，発達に伴う広範囲な失敗経験による外的指向性を少なくすることができ，より生活への満足度を高めることができるのではないか，と考えられる。清水（1999，p.290）が，障害（者）に対する否定的・非好意的な社会的態度を通して障害者自身が自分の障害を見ることによって，自己否定や自己低価値化がもたらされることを紹介したが，通常の学級においてはこのような自分自身のできなさを感じると共に，周りの生徒からも特別な扱いを受けることから自分に対する否定的な価値観をもつことが多いと考えざるを得ない。このことから，障害のある子どもとない子どもが同じ場で教育を受けることを目指すべきだと固定的に考えることには検討の余地があると言える。どの子も一律に考えるのではなく，子どもによっては特別支援学級の方が，自分の能力に合った授業を受けることで「分かる，できる」経験をして自信を得ることができることもあるという認識が重要である。

　また，一方で，特別支援学級に在籍することが，自分はなぜ多くの非知的障害児と違う場所で学ぶのかを考える機会になり，自分の能力や障害について認識する機会をもつことになる場合もある。そうした経験をもつことから自分自身について理解したり，自分の進路について考えたりする機会が通常の学級に在籍する生徒に比べ設定されやすい状況にあるのではないか，ということも言える。このように自分自身の能力や障害について認知する経験の有無が，その

後の学校生活の満足度に影響を与えているのではないか，と考えられる。

通常の学級と特別支援学級の両方の学級から進学してくる生徒を受け入れる側の特別支援学校においては，通常の学級の中で十分に自分自身の障害や特性と向き合い，自己理解の過程を経験することができなかった生徒もいることを認識し，入学後の指導の在り方についてさらに丁寧に検討する必要性があると考える。

4.5.2 目標設定から見た学校生活への適応

進路先の学校を決定した理由では，「将来の生活や進路に役立つから（61.0%）」が最も多く選択された。入学前の学校見学や教育相談の中で，特別支援学校への入学の利点としてそのことが強調され，先生や家族からも就学の目標として聞かされてきた事柄であったと推察される。入学後の目標についても，「社会自立」に関わる目標が一番多く，中でも「就職」に分類されるものが多かった。学年別に目標を分類してみると，1，2年生が「社会自立」を漠然と志向した目標を記述したのに対し，学年を経てそれが減少し，3年生になると具体的な「自己の課題」について志向するようになっていることが分かる。これは，特別支援学校では2年生から企業等における実習（インターンシップ）が始まり，就職ということが遠い将来の目標から，実習や様々な経験を経て現実的なものになったことによる変化ではないかと考えられる。現実となった就職を実現するために，自己の課題を理解し，解決することが必要であることを認識することによる変化と筆者は捉えた。特別支援学校における学習や経験，実際の企業等におけるインターンシップを経て，生徒たちは自己の課題について気付いたり，指摘されたりする機会を得て，その解決への志向をもつようになると考えられる。

高校生段階の非知的障害の生徒であれば，理想の自己イメージを描き，少し先の将来を見据えた目標設定ができるところであるが，軽度知的障害生徒から挙げられた目標はいずれも，自分自身の生活上の具体的な目標となっている。そのことをジグラー・ゲイツ（2000, p.79）は，「現実の自己イメージと理想の自己イメージの不一致が大きくなることは，正常な成長や発達による」とする認知－発達論を示しているが，知的障害児は日常の生活の中に目標を設定

し，すなわち目標（＝理想の自己イメージ）と現実の自己イメージとの不一致度は小さいと言える。これは，理想の自己イメージをもつには，抽象的に仮説を立てる思考能力が必要とされるからである。知的障害生徒にとっての自己理解は，生活に根ざした具体的な経験が基になり，そこから飛躍し，抽象的な思考に至ることは難しい。そのことが目標の内容の変化に現れていると考える。このような知的障害生徒の特性を踏まえつつ，日常生活で直面する事柄を取り上げ，そのことに関わる自己理解を丁寧に進めていくことが重要であることが調査結果から示された。

　そして，理想の自己イメージや目標は高くはないが，知的障害生徒にとっては，この現実の生活に根差した目標設定への変化は，自己の課題に向かって取り組む意欲につながり，生徒たちにとっては生活に対する充実感や学校生活への満足度にもつながっているのではないかと考えられる。

4.5.3　満足度の回答から見た学校生活への適応

　満足度の回答に対する理由を見ると，「よかった」「少しよかった」と回答した生徒たちからは，「いろいろな学習，体験，行事ができた」「友達ができた」ことが多く挙げられ，さらに，自己理解に関する内容や自身の成長を感じることができたことなども書かれている。記述から，特別支援学校高等部に入学し，比較的軽度な生徒ばかりの集団の中で，中学校までは味わうことがなかった友人関係を築くことができ，自分自身を見つめる機会をもち，様々な行事や体験をすることができ，成長を実感できていることを読み取ることができる。清水（1999，p.290）の「障害そのものを率直に認めて受入れ，自分自身の存在をさらに積極的に受入れ，主体的に自己実現を目指して生きる＝障害認識があり，自己適応を示す群」に至ったと言えるのではないかと考える。生徒たちの回答から，多くの生徒が特別支援学校高等部の生活に適応し，1つ1つの経験を経て，自信をもつことができ，そのことが自己理解を促進することにつながっていることが確認できた。また，「少しよかった」の回答の中に「中学校で通常の学級にいたことを後悔している」という記述があったが，これも自分の障害受容が進んだ結果と見てよいのではないかと考える。

　生徒たちは，障害の程度が軽度の仲間と一緒に，また，教師との信頼関係に

裏打ちされた環境において，中村（2004，p.197）の言う苦手や失敗に対し努力を促す帰属訓練が行われた結果，自分自身の成長を実感することができていることも確認できた。

　一方で，満足度の低い「あまりよくなかった」「よくなかった」という回答群に見られる理由は，根元（2014，p.146）の言う「リアリティ・ショック」に陥った例と言える。特別支援学校の現実の生活は自分の思い描いていたものと違い，そのとまどいが対人関係や学校生活の失敗体験として認識され否定的な自己評価となっていると考えられる。このような生徒に対しては，重要な他者（教師）からの肯定的評価，共感的理解，自己の振り返りの機会を設定し，「自立活動」の時間を中心とした丁寧な対応が課題である。「よくなかった」とする回答からは教師との信頼関係構築がうまくできていないことが窺われる内容のものも含まれていたが，担任1人で抱え込まず，情報の共有をしながらチームで対応するための指導体制づくりや，生徒の否定的な感情を受け止め，生徒本人が肯定的な将来ビジョンを持つことができるような指導が求められるところである。

4.5.4　特別支援学校高等部における指導の在り方

　特別支援学校で「役に立った授業は何か」を質問したところ，「職業」と「作業学習」の回答が非常に多かった。これらは，就職や進路に直接結びつく教科（職業）や各教科等を合わせた指導（作業学習）であり，職業・進路に関する目標を多く掲げる生徒たちのニーズに応える学習内容を提供する授業と言える。知的障害児が失敗体験から回復する際に，阿部・廣瀬（2008，p.58）は，「振る舞い方をおぼえる」という言い方をしているが，正に「職業」や「作業学習」は，理論や理屈だけではなく，場に即して体験しながら「やり方をおぼえる」学習である。こうした授業を通して，生徒たちは実際に知識や技術が身に付いたとの実感をもつことができたと考えられる。そして，多くの生徒が，授業における経験を通してできるようになることで，自分自身の成長を感じ，自己肯定感ひいては自己理解につなげていけたのではないかと考えられる。

　具体的な体験を重視し，生徒の障害特性に合った方法を取りながら，生徒の自己理解を深めることができ，学校生活だけでなく将来の社会生活への適応を高められるような指導の追究が，特別支援学校高等部において求められるが，

その重要な指導場面の1つが「職業」という教科であると言うことができる。今後さらに，「職業」の指導内容・方法について研究を進め，軽度知的障害生徒の学校適応や将来の職業自立に向けて有効な教科開発へと進めていきたいと考える。

4.6　今後の課題

　本調査結果から，特別支援学校の指導が，軽度知的障害生徒の自己肯定感を高め，社会自立するための力の育成に効果を得ていることが確認できた。しかしその一方で，吉田（2004，p.4）は，特別支援学校の守られた空間の中で生徒の自己効力感を高めることは，現実社会とのずれを起こすのではないかと指摘する。これは，限られた環境の中における成功体験は，生徒の自己イメージを増大させ，実社会から見た軽度知的障害生徒への評価と生徒自身の自己理解との間にずれを生じさせるというものであり，このずれが，障害のある生徒への正しい理解と生徒自身の社会自立に障壁を作るというものである。これは，養護学校義務化から未だ解決を見ない「分離か統合」か「発達保障か共生共学か」の論争につながる指摘でもある。筆者はこのことに対し，いずれかの場を教育の場として選ぶことにのみ注目するのでなく，それぞれの場において在籍する生徒の多様な発達・成長の段階を踏まえ，それぞれの生徒がまずは自己肯定感を高め，自分自身の課題に向き合う環境を作ること，そして自己理解を深めることを目指した指導を行うこと，次の段階では，他者評価を受け入れ客観的な自己理解を形成することを目指していくことが必要であると考える。

　本章の調査からは，「発達保障」に力点をおく特別支援学校における職業自立を目指し，具体性の高い体験を重視した指導は，生徒が自己の課題に向き合い解決する契機を与え，指導としては一定の成功を収めていることを示すことができたとも考えている。今後，インクルーシブ教育実現に向かう道筋の中で，自己肯定的な自己理解を深めるための指導と共に客観的な自己理解を促すための指導について，さらに実践と研究を進める必要があると考えている。

第5章

教科「職業」を中心とした自己理解を促す指導方法の検討

― 特別支援学校高等部における実践研究 ―

5.1　問題提起

　A校は，高等部のみの特別支援学校で，卒業後は一般企業への就職を目指す軽度知的障害生徒を対象とした学校である。「一般就労を目指す」という目標が明確な学校であるにもかかわらず，第4章の調査からは3分の1の生徒が自分の意思で学校を選んで入学してきていない状況が明らかになった。また，第3章で提示したような学校不適応を示す生徒や，自分の生活や進路に対する不安や悩みを抱える生徒が毎年何人か見られる。事例や調査結果は，軽度知的障害生徒は自分の意思で自分の進路や将来に関わる決定をする経験が少なかったり，自分のやりたいことや希望の意思はあるが自己理解が十分でないため，適切な自己決定ができなかったりすることがあるということを示している。このことから，特別支援学校においては，将来の社会自立を目指して，生徒たちがより客観的な自己理解や自己評価ができるよう指導・支援することが重要であると改めて認識させられるところである。

　しかし，これまでにも述べてきたように，特別支援学校高等部では生徒の将来の生活に必要な内容を教育課程に取り入れて学習が進められてはいるが，そこに生徒自身が考え判断する活動を取り入れることは難しいとされている現状がある。これは，古くからの課題でもあり，ヴィゴツキー（2006，p.43）は著作の中で，「知的遅滞児は自分たちの経験において，直観的・具体的印象にあまりにも頼りすぎており，なすにまかされると抽象的思考をほとんど発達させな

い。」「学校は抽象的思考の発達を妨害するおびただしい実物教授から遅滞児を開放し，抽象的思考過程を教育しなければならない。」とし，養護学校（特別支援学校）は，抽象的思考の発達を促すために，可能な限りの手段をつくすべきだと主張している。ヴィゴツキーは，障害による困難の解決には，視覚障害児の点字や聴覚障害児の手話や指文字が文化的発達の回り道（心理的道具の使用）としての役割を果たすと例示しながらも，知的障害児にとっての問題解決に必要な具体的道具については言及していない（司城 2015，p.224）。筆者は，ヴィゴツキーの言う知的障害児にとっての「心理的道具」は，他の障害児の道具と違い具体的に形を捉えることができにくいものであるが，思考の過程や方法及びそれに対する働きかけを明らかにすることではないかと考える。故に，本研究において，実践をもとにそれを検討することは，現在においても非常に重要な課題であると考える。

　そこで，本章では，軽度知的障害生徒が将来を展望し自己決定するために必要な自己理解を促す授業を構想・実践し，その効果を生徒の学校生活に対する意識調査の結果や自己評価・他者評価の結果，学習記録等をもとに，実証を試みる。

5.2　先行研究及び本章の目的

　松田・二階堂・福森（2007，p.195）は，知的障害生徒の「自己決定」が重要であるという立場から，知的障害生徒の自己決定を可能にする支援方法や評価方法の開発が求められると述べている。そして，その指導に当たっては，軽度知的障害生徒は，障害の特性から自ら自分自身を客観的に評価し，振る舞い方を学び取ることは難しいことから，教師が有効な支援方法を開発し，活動を意図的に設定することが必要（阿部・廣瀬 2008，p.58）である。

　実践研究を始めるに当たり，軽度知的障害生徒の指導において，改めて生徒の障害特性等留意すべき事項を確認しておく。まず，特別支援学校高等部では，失敗経験が多く自信の乏しい生徒が多いことが想定される。ジグラー・ゲイツ（2000，p.245）は，失敗経験が多い知的障害児は学習性無力感に陥りやすいことを指摘するが，さらに，「知的障害児は成功追求よりも失敗回避の方により

動機づけられている（Cromwell）」ことを紹介している（p.159）。第3章の事例の
E男の目標設定の様子からも分かるように，難問に挑むことで失敗するよりも
自分の今もっている能力を確認することで満足する傾向が知的障害児には多く
見られるということである。

　糸賀・田中（1956，p.23）も，調査結果から，知的障害者は生活上の問題が少
なく生き生きとした表情や落ち着きを見せる安定した群に属する者でも，自覚
的な生活意欲をもつに至らない（内的未適応型の）者が多いと報告している。そ
して，彼らが生活意欲や自覚をもつ内的適応型に移行するためには，まず彼ら
に安定感を与えることが重要であり，それを経て内的自覚（本研究で言う自己
理解）に至ると述べている。

　このことから，知的障害生徒に対して，まずは成功体験を積むことにより自
信や安心感をもたせ，特別支援学校高等部が自己に向き合う勇気を得る場とな
ることを目指す必要がある。そして，前提となる安定した環境を整えた上で生
徒自身が自己の障害や能力を客観的に見つめ，肯定的な自己受容に向けて取り
組むことができるようにしていくことが大切と考える。

　しかし一方で，中村（2004，p.204）は，知的障害児の教育においては，失敗
を意図的に回避させつつ学習を進める指導が原則とされ，容易に成功事態が得
られる課題を用いた指導が行われる傾向にある，とする。このような学校にお
ける特別な配慮は，自信の維持や心理的適応を促進させているが，その中で過
剰に自己効力感を高めてしまうという指摘もある。吉田（2004，p.3）は，知的
障害者は失敗を経験しても，同年齢の健常者に比べ，失敗を外罰的，場面限定
的に捉えるものが多く，ジグラー・ゲイツ（2000）とは逆に，知的障害者は無
力的認知をしにくい，という実験結果を得ている。こうした過剰な自己効力感
は，守られた環境である学校を卒業した後，日常的に起こる失敗や困難に混乱
し，不適応になってしまうことも予想され，かえって問題だということである。
それを回避するために，中村（2004，p.204）は，比較的軽度な知的障害児にお
いては成功体験だけでなく，失敗が同程度発生するような学習事態の中で努力
を促す帰属訓練を行うことが方略利用を促進させるために有効であるとの研究
結果も提出している。そうすることは，様々な課題解決能力を高め，学校生活，
ひいては社会生活への適応を促すとともに，客観的な自己理解につながるもの

と考える。さらに，吉田の言う失敗体験を場面限定的に捉え，客観的な自己認知ができない者もいると考えられることから，他者の評価を取り入れ客観的な自己認知を得ることができるような取組も検討する必要がある。

　また，高等部の生徒は，発達段階としては青年期を迎えた生徒たちであり，大久保（1985，p.7）が「青年期は障害を対象化しそれに主体的にかかわろうとする時期」と述べるように，自分自身の生き方と関わらせて自己の認識ができ，さらに主体形成を促すことが大切になる時期であることも重要な視点である。

　本章では，こうした先行研究を踏まえて軽度知的障害生徒への指導・支援を実践し検討する。具体的には，第4章で生徒たちが最も役に立った授業に選んだ「職業」の授業実践を行い，その中で，軽度知的障害生徒が自己決定する上で基盤となると考えられる生徒の自己理解を促すための支援方法やその評価について検討することを目的とする。

　第3章の事例の考察でも示したように，高等部入学後の早い時期に，一人一人の生徒の特別支援学校進学に対する意識や特別支援学校への期待，入学時の目標などを把握し，その上で，特別支援学校での学習内容や将来の進路に向けた取組について情報提供を行い，指導をスタートさせることが重要な点であることから，高等部1年生を対象にして実践研究を行う。従来は，「特別支援学校高等部においては，教師は卒業後の職業生活への移行に対する意識が高い（細渕2000，p.20）」ために，入学時の一人一人の生徒がどのような意思決定のもと入学してきたかを細かに把握することなく，作業学習や職業自立に向けた指導を始めてしまいがちであった。そうしたこれまでの指導を見直し，入学年である高等部1年生段階で，自己を意識し確立するという発達課題を中心に据えた「職業」の指導の充実を図ることが重要であると考えている。

　次に指導の内容として，第1章1.2で示した，特別支援学校（知的障害）高等部において，教える必要性は感じているが指導が難しいと感じる指導内容（井上2012，p.65）とされる「働く意欲をもつこと」「作業に対する意欲」「自分の職業適性の理解」「我慢強さ，能率，スピード，丁寧」「労働と報酬」等の内容を指導計画に盛り込み指導を行う。「職業」の年間指導計画を見直し，1年間を通して様々な活動（例えば「自分を知ろう」や「働く実践的な力」といった単元を設けるなど）を行いながら，自分自身を見つめ理解を深める機会を設定する。加

えて，生徒自身の自己評価を実施したり，またそれを他者(教師)評価と擦り合わせたりして，より客観的な自己理解を促すための指導方法を検討し実施する。

さらに，指導・支援の結果から，まず，教育活動を通じ生徒が自分自身についてどのように理解を深めたかということについて，次に，これまでの失敗経験により無力感をもつ生徒が自信を高めたり，逆に無力的認知をしにくかった生徒が客観的に自己を捉えたりすることができたかという点についてその有効性を検証したい。

5.3 方法

5.3.1 対象

本章における研究対象は，平成 28 年度に A 校に入学した高等部 1 年生の軽度知的障害生徒 27 名(**表 5 - 1**)である。27 名の内 26 名は療育手帳(軽度判定)(注 1, p.19)を取得し，1 名は精神障害者福祉手帳(注 3, p.40)を取得している。

表 5 - 1　実践研究の対象

	対　　象		
	男(人)	女(人)	人数(人)
H28 年度 1 年生	14	13	27

5.3.2 内容及び 方法

平成 28 年度入学の 1 年生に対し，教科「職業」の授業において，職業生活に関する学習の中に自分自身を振り返り見つめる活動を意識的に取り入れて 1 年間指導を行った。**表 5 - 2** に平成 28 年度の「職業」の年間指導計画を示したが，それ以前の年度のもの (p.21 ～ 22，**表 1 - 3，1 - 4** 参照)と比較して，教師の講義中心になりがちであったスタイルから，自分の行動を振り返ったり，自分自身について考えたりする活動を意識して取り入れ，生徒自身が活動を通して自己理解を深められる内容になるよう計画を立て，実践を行った。例えば，従来の年間指導計画の指導内容には「確認」や「説明」といった言葉が多く見られ，教師が教示する内容を中心に指導計画が組み立てられている。それに対し，今

回の年間指導計画では「振り返り」「考える」などの言葉で代表されるように生徒自身の活動を中心にして，教師が情報提供をしながら働くということや就職後の生活について，自分の障害や適性について生徒自身が考える内容を盛り込んでいる。また，学習活動の中で考えたことを表現したり，行動しそれを評価し

表5-2　A校第1学年の職業科年間指導計画（2016年度）

月	単 元 名	指 導 内 容	時数
4	1　ガイダンス ・3年間の進路学習の流れを知る	卒業までの進路学習の流れ 1年間の授業の内容	1
5	2　働くために必要な力 ・働くために必要な力を知り，自分自身を振り返る	職業準備性ピラミッド 挨拶，返事，報告 身だしなみ	6
6	3　実習について <事前指導> ・校内実習の意義を知り，実習に向けて意欲を高める	実習の目標，流れ 実習に必要な力 実習日誌の記入	10
	（校内実習　＊別途計画による）		
7	<事後指導> ・自分の課題を知り，今後の学校生活について考える	校内実習の振り返り，今後に向けた課題	
	4　さまざまな職業 ・職種や卒業生の仕事内容について知り，仕事への関心を高める	製造業とサービス業 卒業生の仕事内容 学校と職場の違い	10
9	「働く」意義 ・働く意義について考える	なぜ「働く」のか？	8
10	5　職場でのルール ・就業に関する規則やルールを知り，社会生活を意識して学校生活を過ごす	経営方針，就業規則 他の社員との関わり方	4
11	6　校内実習について <事前指導> ・自分の課題を確認し，実習に向けて意欲を高める	実習の目標，流れ 実習に必要な力 仕事に対する責任	10
	（校内実習　＊別途計画による）		
	<事後指導> ・今後の学校生活での課題について考える	出来高，校内実習の振り返り 今後に向けた課題	
12	7　自分を知る ・自分の障害や適性等を知り，進路選択やコース選択に生かす	得意なこと，苦手なこと 各コースの概要と必要な力 自分の障害	6

第5章　教科「職業」を中心とした自己理解を促す指導方法の検討

（表5-2つづき）

1	8　働く実践的な力 ・仕事をする上での自分の課題を知り，課題克服に向けての向上心を養う	正確さ，丁寧さ スピードと作業量 仕事の効率 協調性	6
2	9　安全と衛生 ・安全と衛生の大切さを知り，実践する態度を養う	安全，衛生の大切さ 安全，衛生に関する具体例 健康管理	5
3	10　2年生に向けて ・1年生の学校生活を振り返り，2年生に向けての意欲を高める	今後の進路学習の流れ 進路選択についての考え方 今年度の反省と今後の課題	4

たりすることで，自己理解を深める指導・支援を試みている。

　このような指導は年間を通して実施されるが，本研究では，学校生活に対する意識調査の実施，生活面・作業面における自己評価及び他者評価，わたしの取扱説明書の作成の3つの取組を取り上げ，以下のように指導の結果や成果について検討する。

5.3.2.1　学校生活に対する意識調査

　1学期（6月）及び学年末（2月）に，学校生活についての意識調査（資料-4, 5）を実施する。この意識調査の質問紙は，第4章で実施したものと同様のもので，筆者を中心に研究協力者である特別支援学校教師3名が協議の上作成した。軽度知的障害生徒が自分の意思で就学先を決定しているかどうかを調査し，その結果から自己決定をした場合とそうでない場合において学校生活への満足度・適応度に違いがあるのかどうか，また，1学期（6月）と学年末（2月）の意識調査の結果を比較し，自己理解を促す学習を1年間行ったことで学校生活に対する意識の変化が見られるかどうかを検討したいと考えた。

　6月調査では，①この学校への入学を決めた時期，②進学先を自分で決定したかどうか，③進路を決めるとき誰と相談したか，④進学を決めた理由は何か，⑤学校生活における自分の目標があるか，⑥本校に入学してよかったか，⑦役に立った授業は何か，の項目について尋ねている。本章では，以上の質問項目のうち，②，④，⑤，⑥の質問項目を取り上げて検討する。また，2月調査で

は上記の⑤～⑦の質問項目について調査を行った。そのうち，本章では⑤及び⑥を取り上げて検討する。

　②，④，⑤，⑥の質問項目は，すべて多肢選択式で回答を求めることになっているが，⑤の目標があると回答した生徒には合わせて「自分の目標」の内容を尋ね，⑥では「本校に入学してよかった～よくなかった」理由を記述式で尋ね，回答してもらうことになっている。

　回答結果の分析に際しては，②と④については回答人数やその割合を示して行い，⑤の目標の記述をカテゴリーに分類して検討を行った。分類に際しては研究協力者の教師3名と協議の下，KJ法を用いて分類・整理した。⑥の「本校に入学してよかったですか」の問いの回答については，それを学校生活への満足度と捉え，②の「進学先の学校は自分できめましたか」の回答との関連を検討した。分析方法としては，統計ソフトSPSSを用い，進学先を自己決定した生徒のグループと他者が決定したとする生徒のグループ間及び時期における反復測定分散分析を行った。その際には有意水準5%未満を統計上有意な差とした。また，⑥に対する「よかった」～「よくなかった」理由の回答を，進学先を自己決定した生徒と他者が決めたとする生徒別にまとめて示した。

5.3.2.2　生活面・作業面における自己評価及び他者評価

　生活面・作業面における評価アンケート（資料‐6）により1学期末（7月）と学年末（2月）の2回，自己評価を実施する。また，生活面・作業面における評価表（資料‐7）により，担任及び授業担当者が協議の上同様の項目で生徒を評価し，その後，教師評価（他者評価）をフィードバックしながら生徒自身の評価と比較し，客観的な自己理解を促し今後の生活に向けて話し合うための面談を行う。1年間の学習を経て，2回の自己評価結果に変化があったかどうかについて検討する。

　この評価表は，筆者と研究協力者である特別支援学校教師3名を中心に授業担当者3名を含めて協議をして作成したものである。評価項目は，「生活の力」，「人間関係の力」，「働く意欲・行動」，「作業の力」の生活面3領域と作業面1領域の4領域にそれぞれ5項目ずつ計20評価項目がある。生徒用の評価項目は，生徒が理解しやすいよう日常的に使われる簡潔な言葉で表記し，評価する内容

が分かりやすいように作成した。評価項目の例を挙げると「生活の力」では，出席や遅刻，身だしなみ等の項目，「人間関係」では，挨拶や友人・先生との関係，情緒の安定等の項目，「働く意欲・行動」では，就職や進路が明確，時間の厳守，安全に対する意識等の項目，「作業の力」では，体力・気力や指示されたことの理解，正確な作業等の項目がある。

　評価の実施については，「職業」の授業の中で，担当教師が「生活面・作業面における評価アンケート」の評価の仕方や評価項目の意味などを理解できるように説明を行い，生徒自身が自己評価を行った。また，教師用の「生活面・作業面における評価表」についても，生徒一人一人について職業担当の教師と担任教師の2名で協議して評価を行った。評価方法としては，生徒はそれぞれの評価項目につき「よい1」，「ふつう2」，「わるい3」で数字1〜3を選び3件法で回答した。教師は「できる」，「だいたいできる」，「できない」の欄の記述からあてはまる内容を選び3件法で行う方法を取った。評価点に換算する際には，「よい1」と「できる」が3点，「ふつう2」と「だいたいできる」が2点，「わるい3」と「できない」を1点の3段階で行った。評価点は，1領域5項目の15点満点，4領域全体で60点満点である。

　その後，生徒と担任の面談を行い，その中で生徒が自分の評価と担任等の評価の相違点(または共通点)を確認したり，今後に向けての話し合いを行ったりする機会をもった。そこでは，生徒の行動を具体的に取り上げたり，評価の基準を明確にしたりしながら，客観的な評価結果を生徒が納得して受け入れられるように十分な説明を行い，生徒が客観的な自己理解を進めることができるように支援した。

　知的障害児は置かれた環境や経験により，自分の能力を過剰に高く評価したり，反対に劣等感を抱いたりするという相反する研究成果が示され，客観的で妥当性のある自己認知に至りにくい状況があることを筆者自身も事例等から確認している。そのため，生活面・作業面における評価アンケート及び評価表の評価結果の検討に際しては，生徒の自己評価と教師評価の評価点において，教師評価よりも自己評価が低い萎縮傾向の生徒のグループと教師の評価と自己評価の差が小さく過大評価傾向の生徒のグループの分類を行い，それぞれのグループにおける学習前後の自己評価の変化について，統計ソフトSPSSを用

い反復測定分散分析を行い検討した。グループ分類に際しては，1学期末の領域ごとの自己評価と教師評価の得点差を用いて行い，2グループ間及び時期の交互作用を見る際には，4領域全体の総評価点を用いて分析を行うこととした。また，生徒の学習による効果を教師がどのように評価しているのかについて知るために，教師による学習前後の評価の変化についても，同様に4領域全体の総評価点において，生徒の2グループ間及び時期について統計ソフトSPSSを用い反復測定分散分析を行い検討した。検討を行う際には，有意水準5％未満を統計上有位な差とした。

5.3.2.3 「わたしの取扱説明書」

「職業」の単元「自分を知る」（12月実施）の授業の中で，実習先や周りの人に自分を理解してもらうために伝えたいこと，支援してほしい内容などを「わたしの取扱説明書」（以下，セルフ取説とする）としてまとめさせ，記述された内容から自己理解の内容や程度等を分析する。また，セルフ取説を作成する際に，事前学習として実施した学習プリントの記述も併せて検討する。

セルフ取説の記述項目は，①わたしの特徴，②(働く上で)わたしの得意なこと，③わたしの使用方法（指示や説明の仕方など），④わたしの使用上の注意，⑤故障時の対応の5項目である。生徒の文章記述を研究協力者の教師3名とKJ法を用いてカテゴリー分類し，記述内容を検討した。

「自分を知る」の単元は従来から実践されてきた単元と違い，職業生活についての理解や職業生活を送る上で必要な技能の習得に関するものを活動の中心とせず，生徒自身がどのように自分を理解し，それを表現するかを直接問う単元であり，本研究において新たに設定した内容である。そのため，**表5-2**の「職業」の年間指導計画にある他の単元と比較して，教師が生徒の取組状況をどのように評価しているかについて確認することにした。教師が生徒一人一人に対し，年間指導計画に示された指導内容を理解して学習に取り組んでいたかどうかという観点で評価を行い，生徒のそれぞれの単元における達成度を比較した。今回，評価の対象としたのは，生徒が自分を振り返ったり自分自身を見つめたりして自己理解を促す活動を多く含むと考えられる6単元である。「職業」の授業を担当した3人の教師それぞれが，生徒一人一人に対し，単元ごと

に「できた」,「だいたいできた」,「できなかった」の３件法で評価を行い, 生徒の取組状況を把握する指標とした。なお, 評価点は,「作業面・生活面における評価表」と同様に３点, ２点, １点と配点した。単元ごとの取組状況を比較するため, 解析は対応のある１要因分散分析を用い, 帰無仮説が棄却された後, Bonferroni の多重比較検定を用い各項目の差を検討した。有意水準は５％未満を統計上有位な差とした。

さらに, セルフ取説の生徒の記述内容に対し, ３名の教師が一致して「学習の成果が表れている」と評価した回答を記述項目ごとに先に行った KJ 法によるカテゴリー分類に基づいてまとめ, 記述数を示した。記述項目ごとにカテゴリー分類した中で, 回答総数に対する割合を求め, 教師がどのカテゴリーの記述に対し, 学習の成果と評価しているかを分析することにした。

5.3.2.4　コミュニケーションの力との関連

セルフ取説の事前学習として学習プリント（資料‐8）を実施したが, 特に自己理解を深めるために重要な領域であるとして, コミュニケーションや人間関係の力の項目を取り上げ, 入学時に萎縮傾向であった生徒のグループと自己過大評価傾向であった生徒のグループ間で自己認識に違いがあるかどうかを検討した。取り上げたのは, 学習プリントの質問事項①人の話を最後まで聞く（話の内容が分かる）, ②自分の言いたいことが相手に分かりやすく伝わっている, である。それぞれの項目について萎縮傾向の生徒のグループと自己過大評価傾向の生徒のグループ間における比較を t 検定により行った。

また, 教師による「生活面・作業面における評価表」の「人間関係」と「意思表示」の項目の評価を取り上げて, コミュニケーションの力に関する他者評価についても検討した。こちらは, 統計ソフト HAD を用い, グループ間及び時期における反復測定分散分析を行い検討した。その際は有意水準５％未満を統計上有位な差とした。

5.4 結果と考察

5.4.1 学校生活に対する意識調査
5.4.1.1 就学先の決定

27名中18名（66.67％）の生徒が，自分で就学先を決定して入学してきたと回答した。これは，27年度に実施した調査（伊藤，2017b）と同様の割合であった。中学校3年生時に通常の学級に在籍していた生徒3名はいずれも「自分で決めた」と答えている。

進学先決定の理由としては，先述した27年度の調査（以下，27年度調査）と同様に「将来の生活や進路に役立つ」が最も多く，18名（66.67％）の生徒が選択した（図5-1）。

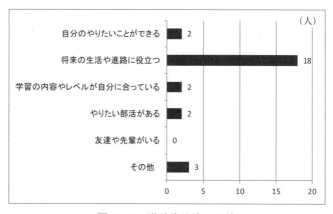

図5-1 進路先決定の理由

5.4.1.2 学校生活における目標設定

6月時の調査では，学校生活上の目標が「ある」と回答した生徒は18名（66.67％）であったが，2月調査では22名（84.61％）に増加した。進学先決定において自分で決定しなかった生徒も，6月時点では目標があると答えたのが62.5％であったが，2月には87.5％と増え，学校生活上の目標をもつに至ることができた。

第5章 教科「職業」を中心とした自己理解を促す指導方法の検討

「ある」と回答した生徒の6月と2月の目標の内容について，27年度調査と同様のカテゴリー分類に沿って分類し，比較した（**表5-3**）。このカテゴリー分類は，筆者が研究協力者の特別支援学校の教師3名と共にKJ法の手法を用いて分類し，協議をしてカテゴリー名をつけたものである。

27年度調査では，学年の経過とともに1年生の目標内容は「社会自立」のカ

表5-3　学校生活における目標分類（6月と2月の比較）

大カテゴリー	中カテゴリー	目標内容(6月)		目標内容(2月)	
社会自立	就職	就職をするために授業をがんばる 就職して仕事をする(4)		老人ホームで役に立つ仕事をしたい	
	社会人として	社会に出る勉強をしっかりする		最大限の努力をして大人になる	
	働く力	働くためにがんばる 働く力(技術)を身につける(2)	9		2
自己の課題	行動，態度，意識	大きな声を出す てきぱき行動する 集中力と積極性を身につける		言葉や態度に気をつけ前向きに取り組む 礼儀を身に付ける 積極的に物事に取り組む(3) 時間を意識して取り組む 最後まであきらめずにやる 余裕をもって行動する 忘れ物をしない 集中して物事にあたる 場に合わせた行動をする 宿題を忘れない	
	体力	体力をつける(2)		立ち仕事に耐える体力をつける	
	学習	できることを増やす		実習に向け工業(作業)の授業をがんばる(3) 勉強をしっかりする 苦手な漢字や勉強をがんばる 道具に慣れて使えるようにする	
	課題に向き合う		6	苦手克服	20
対人関係	コミュニケーション			コミュニケーションをがんばる 積極的に声がけをする(2)	
	周りへの配慮	周りに合わせて行動する			
	友人	友達をつくる	2		3
その他		自分の夢に近づく 母校の恥にならないようにする 部活に休まず参加する	3		0

テゴリーが多く，3年生になると「自己の課題」へと移行することを確認したが，今回の調査においては，6月と2月の1年間の中で同じような変化が見られた。6月には「社会自立」のカテゴリー内容で目標設定をした生徒が9名（33.33%），「自己の課題」の内容で目標設定をした生徒が6名（22.22%）いたのに対し，2月には「社会自立」が2名（7.40%），「自己の課題」が20名（74.07%）となり，自分自身の具体的な課題に対する目標設定をする生徒が大きく増加したことが分かる。

27年度調査の1年生（2月）の目標内容と比較したものを**表5-4**に示した。

表5-4　学校生活における目標の分類（28年度と27年度の1年生の比較）

大カテゴリー	中カテゴリー	目標内容（28年度1年生2月）	（人）	目標内容（27年度1年生2月）	（人）
社会自立	就職	老人ホームで役に立つ仕事をしたい		製造業で働く，サービス業に就職する(2)	
				就職する，いい会社に就職する(4)	
				バスガイドになる	
				やりたい職場につきたい	
				就職して人の役に立ちたい	
	社会人として	最大限の努力をして大人になる		卒業後の進路を考える	
				自立をする(2)	
	働く力			就職できる力を身に付ける	
				自分で仕事ができるようになる，働く力をつける(2)	
			2	成長して働けるようにする	16
自己の課題	行動，態度，意識	言葉や態度に気をつけ前向きに取り組む		メモをしっかりとる	
		礼儀を身に付ける		手先を器用にする	
		積極的に物事に取り組む(3)		自分で判断ができる	
		時間を意識して取り組む		自分に自信をもつ(2)	
		最後まであきらめずにやる		自分から行動する	
		余裕をもって行動する		大きな声ではきはき言う	
		忘れ物をしない		周りの人に気配りする	
		集中して物事にあたる			
		場に合わせた行動をする			
		宿題を忘れない			
	体力	立ち仕事に耐える体力をつける			
	学習	実習に向け工業（作業）の授業をがんばる(3)		勉強，部活を頑張る	
		勉強をしっかりする			
		苦手な漢字や勉強をがんばる			

第5章　教科「職業」を中心とした自己理解を促す指導方法の検討

（表5-4つづき）

		道具に慣れて使えるようにする		
	課題に向き合う	苦手克服	20	9
対人関係	コミュニケーション	コミュニケーションをがんばる		
		積極的に声がけをする(2)		
	周りへの配慮			
	友人		3	友人関係	1
その他		規則正しい生活を送る		
			0	1

28年度と27年度の1年生の比較において，目標に挙げたカテゴリーに違いが見られることが確認できる。今年度の1年生は，学習を経て社会自立を目指すという漠然とした目標から，自分自身を見つめ具体的な目標設定へと変化してきている結果と考えられる。

5.4.1.3　学校生活における生徒の満足度

　質問紙調査では，「本校に入学してよかったですか？」という問いに対し，「よかった」「少しよかった」「あまりよくなかった」「よくなかった」の4件法で尋ねた。

　ここでは，入学してよかったかどうかの回答を，生徒の学校生活に対する満足度を表す指標と考えた。回答から「よかった」を4点，「少しよかった」3点，「あまりよくなかった」2点，「よくなかった」1点として点数化し，その得点をもとに，就学時に自分で決めたグループと他者が決めたとするグループ間及び時期について交互作用並びに差の検定を実施した。分析に際しては統計ソフトSPSSを用い反復測定分散分析を行った。その結果を**表5-5**，**表5-6**，**図5-2**に示した。

表5-5　時期及び意思決定の違いごとの満足度平均と標準偏差

		平均値	標準偏差	n
6月満足度	自己決定した生徒	3.78	0.43	18
	他者が決めたとする生徒	3.14	1.07	7
2月満足度	自己決定した生徒	3.56	0.62	18
	他者が決めたとする生徒	3.00	1.15	7

表 5-6 満足度に関する反復測定分散分析結果

	自由度	F 値	有意確率
時期	1	0.77	0.34 n.s.
グループ	1	5.69	0.03 *
時期×グループ	1	0.04	0.85 n.s.
誤差（時期）	23		

＊：$p < .05$

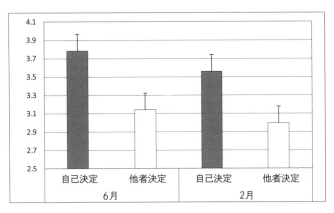

図 5-2　満足度における 2 要因分散分析結果

　交互作用は見られず，時期による差も見られなかったが，自己決定をした生徒のグループと他者が決めたとする生徒のグループ間には有意差が見られた。今回の調査においては，自分の進路を自己決定した生徒の方がより満足度が高いと言える。満足度の平均を見ると，両グループ共に 6 月に比べ 2 月の平均値の低下が見られた。その要因としては，「よかった」から「少しよかった」に評価を下げている生徒が何人か見られたことと，自分で決めて入学したが「いじめにあった」「自分には合わない所だった」と「あまりよくなかった」に回答した生徒がいたことが考えられた。「よかった」から「少しよかった」に評価を下げた生徒の理由として述べられている内容を見ると，「仲の良い友達ができた」「友達が少なかったが親友ができた」「自分なりに行動できた」「苦手なことや課題が見えて辛くなるが，できるようになると達成感がある」など，肯定的な内容の記述も見られた。

　2 月調査において「入学してよかったか」の問いに対し，「よかった」「よく

第 5 章　教科「職業」を中心とした自己理解を促す指導方法の検討

なかった」等の回答理由を**表 5 - 7**に示した。2 月調査時は，27 名中 1 名欠席，この質問に対する回答が無回答であった者が 1 名で 25 名の回答からまとめてある。「あまりよくなかった」と回答した 3 名を除けば，「自分の課題を見つけることができた」，「できなかったことができるようになった」，「友達ができた」など肯定的な理由が述べられている。「あまりよくなかった」理由として，「いじめ」，「自分に合わない」，「やりたいこととズレている」と記述した生徒に

表 5 - 7　入学してよかった（よくなかった）理由

	就学先を自己決定した生徒	就学先を他者が決定したとする生徒
よかった　（14）	自分の課題を見つけることができた	今までできなかったことができるようになった
	授業が楽しくなった	自分の苦手なことがたくさん知れた
	やったことのないことに挑戦し，たくさんの力をつけることができた	入学前と比べて姿勢が良くなり，注意されてもイライラしなくなった
	積極的な行動ができるようになった (2)	
	合格できてよかった。がんばりたい	
	自分の苦手なことが分かり，ためになる	
	苦手なことが少しずつできた	
	自分のことを知ることができた	
	大変なことばかりだが，友達と一緒にいれて楽しい	
	厳しいけど常識が身についてよかった	
すこしよかった　(8)	仲の良い友達ができた	自分なりに行動ができた
	今まで友達がいなかったが親友ができた	たまに大きな問題が起きるが，社会で役に立つことを行えるから
	思ったより厳しくて大変だが，将来働くために必要なことをたくさん教えてくれる	
	友達が作れるか心配だった	
	いろいろ大変なことがあったが，楽しいときもあった	
	自分の課題が嫌になるほど見えて少し辛くなることがあるが，できなかったことができるようになると達成感を感じられる	
あまりよくなかった (3)	いじめにあった	自分のやりたかったことと，ズレている気がする
	最初はいいところだと思ったが，自分には合わない所だった	
よくなかった　(0)		

105

ついては，その後，担任との面談を行い，本人の思いやねがいの聞き取りや確認を継続し，今後の学校生活の送り方について話し合い，3名とも学校生活の継続と2年生への進級を決めている。

5.4.2　生活面・作業面における評価

　資料 - 6「生活面・作業面における評価アンケート」及び資料 - 7の「生活面・作業面における評価表」を用い，教師及び生徒が評価を行った結果を**表5 - 8**に示した。4つの領域ごとに，教師による評価点（教師と表記）と生徒による自己評価（生徒と表記）の1学期末及び学年末の評価点を示してある。

　自己評価及び他者評価（教師の評価）を実施した結果（**表5 - 8**）から，領域ごとの合計点をプロットし，レーダーチャートにして比較してみたところ，1学期末の評価結果では，**図5 - 3**のように教師の評価より自己評価が低い生徒が一定割合いることが分かった（**図5 - 3**は，ある一人の生徒の結果を例示したものである）。このことは，軽度知的障害生徒は生活経験の中で失敗経験を多くもつことにより，自分に自信がなく萎縮傾向の生徒が多いと繰り返し先行研究において述べられていることと一致する。

　一方で，**図5 - 4**（ある一人の生徒例示）のように教師評価との差が小さく，教師よりも自己評価が高い領域のある生徒も見られた。第3章のE男の事例で指摘したように客観的な自己認知ができておらず，自分を過大評価する傾向のある生徒である。これらの例は，第3章総合考察で松岡（1977，p.78）や小島（2007，pp.18 - 22）を引用して述べた「知的障害児は，その人が置かれた環境や経験により，自分の能力を過剰に高く評価したり，反対に劣等感を抱いたりして，客観的で妥当性のある自己認知に至りにくい」とする研究成果と一致する。

　本節では，こうした自信がなく萎縮傾向の見られる生徒や反対に自己を高く評価し客観性・妥当性のある自己認知に至りにくい生徒が，学習経験を積むことで，自己理解を深めることで自信をもったり，適切な自己評価ができるようになったりすることができるかどうかという点について検討を進める。

　まず，**図5 - 3**及び**図5 - 4**で示した2つのタイプに生徒を分類し，それぞれのグループの生徒が学習を経て自分自身の自己評価をどのように変化させたかを検討したいと考えた。グループの分類を行うために，1学期に行った領域

第5章　教科「職業」を中心とした自己理解を促す指導方法の検討

表5-8　生活面・作業面における評価点

n=27	生活の力				人間関係の力				働く意欲・行動				作業の力			
	教師		生徒		教師		生徒		教師		生徒		教師		生徒	
	1学期末	学年末	1学期末	学年末	1学期末	学年末	1学期末	学年末	1学期末	学年末	1学期末	学年末	1学期末	学年末	1学期末	学年末
1	15	11	8	9	14	14	10	11	12	14	13	11	13	15	13	14
2	15	15	13	12	15	15	9	10	13	15	11	10	13	15	12	14
3	15	15	11	14	15	14	9	12	13	15	12	12	11	15	8	13
4	15	15	15	15	14	15	10	11	13	15	11	11	12	15	12	14
5	15	15	13	12	15	15	8	14	12	15	12	14	13	15	11	11
6	15	15	14	12	13	14	13	10	13	15	13	11	12	13	12	10
7	15	15	14	13	15	15	12	14	13	15	13	11	12	15	12	12
8	15	15	13	13	14	12	9	13	13	15	15	14	12	15	15	14
9	13	15	13	13	15	15	11	8	13	15	12	13	12	15	13	13
10	**15**	**15**	**14**	**13**	**10**	**14**	**13**	**12**	**12**	**15**	**12**	**8**	**13**	**11**	**12**	**12**
11	15	15	14	11	12	13	13	11	12	14	13	12	11	11	10	10
12	15	14	13	13	13	14	14	14	13	15	14	11	13	14	10	10
13	15	15	14	14	14	15	11	14	11	15	11	14	13	15	15	15
14	15	15	14	14	14	15	14	13	13	15	12	13	13	15	10	13
15	14	15	13	11	13	13	12	12	13	15	12	12	13	15	11	10
16	11	10	13	11	9	11	8	11	9	15	10	11	12	14	12	13
17	15	15	15	12	12	13	14	10	13	15	10	10	13	15	9	13
18	15	15	14	14	11	14	13	13	12	15	13	13	11	13	11	9
19	**15**	**13**	**13**	**13**	**13**	**12**	**11**	**12**	**13**	**14**	**12**	**13**	**13**	**11**	**12**	**11**
20	**15**	**14**	**14**	**13**	**11**	**8**	**12**	**9**	**13**	**14**	**15**	**12**	**12**	**12**	**9**	**7**
21	**15**	**12**	**13**	**14**	**15**	**12**	**9**	**9**	**12**	**13**	**11**	**9**	**13**	**11**	**9**	**10**
22	**11**	**9**	**11**	**10**	**11**	**9**	**10**	**10**	**9**	**11**	**8**	**11**	**10**	**7**	**7**	**8**
23	14	14	12	11	15	12	10	13	12	13	10	10	13	14	10	10
24	14	12	14	13	15	10	12	11	12	12	11	13	12	11	9	10
25	14	13	10	12	12	12	9	9	12	14	12	11	13	14	13	8
26	14	12	14	13	12	10	12	12	11	13	14	12	11	13	13	13
27	12	11	12	14	10	10	10	11	10	13	13	11	8	8	9	10

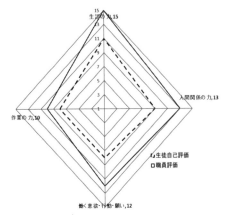
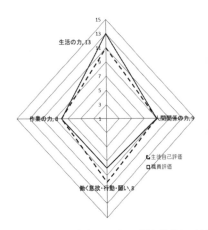

図5-3 生徒自己評価と教師評価の結果1　　図5-4 生徒自己評価と教師評価の結

ごとの生徒の自己評価と教師評価の評価点の差を用いた。具体的には，1学期末のそれぞれの評価点を比較して，生徒の自己評価点と教師評価点の差の大小をもとに，自分に自信がなく教師評価に比べ自己評価が低い生徒のグループと，教師評価との差が小さく自己を過大評価する傾向のある生徒のグループに分類し，自己理解を深める学習の成果についてグループ間の比較を行うこととした。

表5-9には，各領域における生徒の自己評価の評価点から教師による評価点を差し引いた数値を示した。さらに，それぞれの領域において，「教師評価より2ポイント以上自己評価が低い領域がいくつあるか（自己評価が低い領域数①）」を求め，それに加えて「教師評価より自己評価の方が低い領域数から，自己評価の方が高い領域数を差し引いた領域数（自己評価が低い領域数②）」を求めた。求めた数値から，①と②の合計が3以上になる生徒を自己評価が低く萎縮傾向の1グループ（以下，G1），それ以外を教師との評価点の差が小さい2グループ（G2）に分類した。G1には他者（教師）評価に比べ自己評価が低い群として15名（55.56％）の生徒が，G2には他者（教師）評価との差が小さい群として12名（44.44％）の生徒が分類された。

自己評価の4領域全体の総評価点について，グループ間（G1，G2）及び時期（1学期末と学年末）ごとの交互作用並びに差の検定を実施した。検定に際して

第 5 章　教科「職業」を中心とした自己理解を促す指導方法の検討

表 5 - 9　1 学期末の領域ごとの自己評価と教師評価の差と差によるグループ分類

$n = 27$	生活の力の差	人間関係の力の差	働く意欲等の差	作業の力の差	自己評価が低い①	領域数②	グループ分類
1	-2	-5	-2	-3	4	4	1
2	-2	-6	-2	-1	3	4	1
3	-4	-6	-1	-3	3	4	1
4	-2	-5	0	-2	3	3	1
5	-2	-2	-1	-2	3	4	1
6	-2	-6	-1	-4	3	4	1
7	-4	-3	0	-3	3	3	1
8	-7	-4	1	0	2	1	1
9	0	-4	-2	0	2	2	1
10	-1	-5	-2	0	2	3	1
11	0	-3	-1	-3	2	3	1
12	0	-1	-1	-3	1	3	1
13	-1	-1	-1	-3	1	4	1
14	-1	-1	1	-3	1	2	1
15	-1	-2	0	0	1	2	1
16	-2	-2	2	3	2	0	2
17	0	-6	-1	1	1	1	2
18	-1	0	1	-3	1	1	2
19	0	2	-3	-1	1	1	2
20	-1	2	1	-2	1	0	2
21	-2	0	0	2	1	0	2
22	-1	1	0	-1	0	1	2
23	-1	1	1	-1	0	0	2
24	2	-1	1	-1	0	0	2
25	-1	1	2	0	0	-1	2
26	0	0	3	2	0	-2	2
27	0	0	3	1	0	-2	2

注)　自己評価が低い領域数①：教師評価より 2 ポイント以上低い領域の数
　　　自己評価が低い領域数②：(教師評価より低い領域数)－(教師評価より高い領域数)

表 5 - 10　生徒の自己評価におけるグループごと，時期ごとの
4 領域全体の総評価点平均値及び標準偏差

		平均値	標準偏差	n
1 学期末	G1	11.23	1.07	15
	G2	12.40	0.96	12
学年末	G1	11.90	0.94	15
	G2	11.65	1.08	12

表5-11　生徒の自己評価に関する反復測定分散分析結果

	自由度	F値	有意確率
時期	1	0.04	0.84 n.s.
グループ	1	1.82	0.19 n.s.
時期×グループ	1	12.07	0.002 **
誤差(時期)	25		

** : $p < .01$

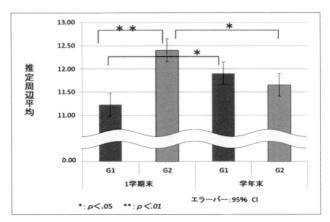

図5-5　生徒の自己評価における2要因分散分析結果

は，統計ソフトSPSSを用いて反復測定分散分析を行った。その結果を**表5-10，11**及び**図5-5**に示す。

　生徒の4領域全体の自己評価において有意な交互作用が見られた。そこで単純主効果の検定を行ったところ，G1グループとG2グループの学習の事前事後（1学期末と学年末）の平均値には5％水準で有意差が見られたが，生徒全体の1学期末と学年末の変化には有意差は見られなかった。これは，G1の自己評価が有意に上がり，G2の自己評価が有意に下がっている結果であり，このことから萎縮傾向であったG1の生徒が学習により自信をもつことができ自己評価を上げ，逆に自分を過大評価しがちであったG2の生徒は客観的な自己評価ができるようになり自己評価を下げ，学年末にはそれぞれのグループの評価平均値に差がなくなったということが言える。

表5-12 教師による評価におけるグループごと，時期ごとの4領域全体の総評価点平均値及び標準偏差

		平均値	標準偏差	n
1学期末	G1	13.30	0.89	15
	G2	12.40	1.16	12
学年末	G1	13.53	1.75	15
	G2	13.46	1.48	12

表5-13 教師による評価に関する反復測定分散分析結果

・グループ内効果の検定

	自由度	F値	有意確率
時期	1	9.12	0.006 **
グループ	1	1.03	0.319 n.s.
時期×グループ	1	3.73	0.065 n.s.
誤差(時期)	25		

** : $p < 0.01$

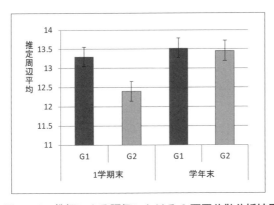

図5-6 教師による評価における2要因分散分析結果

同様に，教師による評価の4領域全体の総評価点についてグループ間（G1，G2）及び時期（1学期末と学年末）ごとの交互作用並びに差の検定を実施した。検定に際しては，統計ソフトSPSSを用いて反復測定分散分析を行った。その結果を表5-12，13及び図5-6に示す。

グループと時期の交互作用の検定では有意確率.065と有意傾向は見られた

が交互作用なしという結果であった。また，時期（1学期末及び学年末）の主効果には有意性が見られ，教師は，G1の生徒に対して1学期末の時期から評価が高く，学年末に大きく評価点を上げることはなかったが，G2の生徒に対しては学習の成果を認めて有意に評価を上げた結果となっている。

5.4.3 「わたしの取扱説明書」

　12月単元「自分を知る」の中で，これまでの自分自身を見つめ，理解する学習のまとめとして，「進路先や実習先の人に自分のことを説明する」という設定で「わたしの取扱説明書」（以下，セルフ取説とする）の作成を行った。「セルフ取説」は，その年の流行歌「トリセツ」にちなんで，生徒が自分を家電製品等に見立てて取扱説明書を書いてみるというものである。

　本節では，生徒たちが記述した内容について検討し，軽度知的障害生徒が自分自身をどのような自己理解の仕方をするのかについて把握したいと考えた。課題の内容は，自分自身を見つめ，自身の性格や特徴を理解した上で，実習や就労の場面で理解してほしいことを「実習先や進路先の人に伝える」場面を想定して記述するものである。この課題は活動や作業などに取り組んで，その出来栄えや自分の成果を見て自己評価するのと違い，目には見えない自分自身の性格や特徴などを見つめて評価するという，生徒たちにとってはハードルのかなり高い課題である。取り組む際には課題の内容を詳しく説明した上で，日常よく親しんだ流行歌を用い馴染みやすくユーモアを交えて「使用方法」「故障した時」などという表現を使って取り組みやすい雰囲気を作った。生徒が記述するのは「1. 私の特徴」「2. 働く上で得意なこと」「3. 私の使用方法」「4. 私の注意点」「5. 私が故障したときの対応方法」の5つの項目である。

　生徒の記述内容を見ると，自分の特性や周りの人にどのように支援してほしいかということが具体的によく表現されているものが多く見られた。表5-14は，記述内容を研究協力者の3人の教師と協議しながらKJ法により5つのカテゴリー（「性格傾向」「行動面」「嗜好」「学習面」「関わり方」）に分類しまとめたものである。

　記述の中には，第1章で取り上げた「教える必要性は感じているが指導が難しいもの（資料-2参照，井上2012, p.65）」とされていた，「困ったときに尋ね

第5章　教科「職業」を中心とした自己理解を促す指導方法の検討

表5-14　セルフ取説の記述のまとめ

性格傾向 (主に「私の特徴」に記述 されたもの)	気分の変化が激しい(日によって気分が変わる)(4) おとなしい，おっとり，あまり怒らない(7) 明るく元気，積極的(4) 優しい(3) おしゃべり好き，誰とでも仲良い(3) 短気(2) 人見知り，引っ込み思案(2) マイペース まじめ　　　　　　　　　　　　など
行動面 (主に「私の特徴」「得意 なこと」「使用方法」「注 意点」に記述されたも の)	こつこつやる，長時間の作業ができる，丁寧に作業する(6) 行動がゆっくり，やることに時間がかかる(4) あまりしゃべらない，話をするのが苦手(3) 手先が器用，細かいことが得意(3) おしゃべり，コミュニケーション上手，笑顔で話せる(3) 最後まであきらめない，不器用だけどあきらめない(3) はっきりと聞き取れないことがある，指示を聞くのが苦手(3) 何かあると顔や態度に出る(2) 分からないと混乱する，できないとイライラする(2) 時間がかかるけど正確 作業が速い 指示通りに動けないことがある 普段ボーっとしていることが多い 自分で改善できないことがあれば聞きにいきます けんかをしない 1つのことしか見えない やり方を見てすぐ覚える　　　　など
嗜好 (主に「私の特徴」「得意 なこと」に記述されたも の)	音楽，ゲーム，運動(体を動かす)が好き(5) 細かい部品の仕分け，細かい作業(2) 何かをつくること，編み物，料理(2) 変化のない作業 一人が好き　　　　　　　　　　など
学習面 (「得意なこと」に記述さ れたもの)	簡単な計算(4) パソコン(文章入力)(2) 線を引くこと，線に沿って切ること，折ること(2) トイレ清掃，清掃，ニス塗り(2) 作文　　　　　　　　　　　　　など
関わり方 (「私の使用方法」「注意 点」「故障時の対応法」に 記述されたもの)	ミスしたとき，イライラしたときは一人にしてほしい，時間がほしい (13) 話しかけてほしい，優しく話しかけてほしい(8) 悪口はやめてほしい，強い口調，激しく怒るのはやめて(5) ゆっくり話してほしい，はっきり分かりやすく話してほしい(5) 早とちりすることがある，冷静な判断ができないことがある(3) 相談したい，楽しい話がしたい(2)

113

(表5-14つづき)

	緊張する，注目しないで(2) 寝不足のときは集中できない(2) 急な質問や感想を求められると時間がかかる 話をきいているときに余所見(視線をそらす)をすることが多い 自分で説明することが苦手 やさしく見守って　　　　　　　など
説明の仕方 (「私の使用方法」「注意 点」「故障時の対応法」に 記述されたもの)	一度に多くのことはだめ，1つずつ(少しずつ)説明してほしい(5) 口頭でなく手順書，文書，マニュアル，イラスト等があるとよい(5) 口で説明よりやってみる(実演)が分かりやすい(4) 失敗やミスについて改善点(いけないところ)を説明してほしい(3) 指示を1回だけでは聞き取れない，2回説明してほしい(3) 分かりやすく説明してほしい，ゆっくり何度も説明してほしい(3) 分からないときに尋ねられると安心する，質問したら教えてほしい(3) 指示が聞こえる場所で，聞き取りにくいので聞き取りやすく説明(2) 混乱するので教える内容を統一してほしい いつまでに何をどうするかを明確に伝えてほしい すぐ忘れるのでメモする時間をください　　　　　など

注)(　　)内は複数回答があった場合の記述数

る」「自分の(職業)適性の理解」「我慢強さ，能率，スピード，丁寧」などに当たる内容の記述も含まれている。生徒たちは，自分を見つめ，理解する学習を行ってきたことの成果として，自分自身の特性について理解し，自分が他の人から支援を受けるために伝えるとよい内容を考え，まとめることができたと考えられる。

　表5-14の生徒の記述からは，生徒たちが自分自身の特性をよく理解して記述された結果と受け取ることができると考えられるにもかかわらず，教師たちのこの単元の生徒の取組に対する評価は高くない。1年間の「職業」の指導を終えた後，自己理解の支援を積極的に行った6つの単元について，生徒一人ずつに対し活動内容の理解度及び取組状況について評価を行った結果においては，セルフ取説の活動を含む単元「自分を知る」の取組状況の評価は他の単元に比べ低い結果であった(**表5-15**)。「セルフ取説」の課題は，軽度障害と言っても知的障害のある生徒にはハードルの高い課題であり，教師にとっては単元のねらいを十分に達成できたとは言えないと評価された生徒が他の単元に比べて多い結果であったということである。

　この教師の行った単元ごとの生徒の理解度及び取組状況に関する評価は，「職業」を担当した3名の教師が，自己理解の機会を特に積極的に設定した6つ

の単元について，**表 5 - 2**に示した年間指導計画の指導内容を生徒が理解して
学習に取り組んでいたかどうかという観点で評価した。評価に当たっては，担
当した 3 人の教師が一人一人の生徒に対し，「できた」3 点，「だいたいできた」
2 点，「むずかしかった」1 点と評点し，3 人の評点を合計し，単元ごとに平均
を求めた（**表 5 - 15**）。

　各単元間の比較においては，対応のある一要因分散分析を用い，差が認めら
れたので，**表 5 - 16**に Bonferroni の多重比較検定を行い，その結果を示した。
単元「自分を知る」の教師評価は，単元「働くために必要な力」を除く単元との比

表 5 - 15　単元ごとの教師による生徒の取組に対する評価の平均と分散分析結果

	働くために 必要な力	校内実習 （6／7月）	校内実習 10／11月)	自分を知る	働く実践的 な力	2 年生に向 けて	全体平均
平　均	2.30	2.73	2.79	2.36	2.67	2.64	(2.58)
標準偏差	0.62	0.45	0.41	0.58	0.52	0.64	(0.57)
	1 要因分散分析（対応のある場合）						
	F 値	23.08	***				

*** : $p < 0.001$

表 5 - 16　各単元間の教師による生徒の取組に対する評価の多重比較検定結果

比較単元名		統計量
自分を知る	働くために必要な力	0.7046 *n.s.*
自分を知る	校内実習 (6/7 月)	4.2277 **
自分を知る	校内実習 (10/11 月)	4.9323 **
自分を知る	働く実践的な力	3.5231 **
自分を知る	2 年生に向けて	3.2412 *
働くために必要な力	校内実習 (6/7 月)	4.9323 **
働くために必要な力	校内実習 (10/11 月)	5.6369 **
働くために必要な力	働く実践的な力	4.2277 **
働くために必要な力	2 年生に向けて	3.9458 **
校内実習 (6/7 月)	校内実習 (10/11 月)	0.7046 *n.s.*
校内実習 (6/7 月)	働く実践的な力	0.7046 *n.s.*
校内実習 (6/7 月)	2 年生に向けて	0.9865 *n.s.*
校内実習 (10/11 月)	働く実践的な力	1.4092 *n.s.*
校内実習 (10/11 月)	2 年生に向けて	1.6911 *n.s.*
働く実践的な力	2 年生に向けて	0.2818 *n.s.*

* : $p < 0.5$ ** : $p < 0.1$

較において，生徒の取組に対する教師評価が有意に低いことが分かる。

　表5-15を見ると，4月単元の「働くために必要な力」は，評価点の平均が2.30と他の単元と比較すると低い。これは，入学後すぐの導入の単元であり，生徒たちはまだ十分に単元のねらいである「働くための力」の理解や自分を見つめ理解する活動に取り組むことができなかったことが推察される。その後の「校内実習」で実際に「働く」経験を経て，将来の社会生活のイメージを持ち，自分自身の理解にもつなげることができたことが，教師の評価を得て平均2.50点以上の評点へとつながっていったと考えられる。実際に行動する（実習する）ことを通して学ぶ方が理解につながりやすいということは従来から言われてきたことであり，知的障害教育において取られてきた中心的な方法であることを裏付ける結果でもある。一旦，実習を通して体験ができたことで，その後の単元では，実習を伴わない単元においても生徒は学習内容を理解して取り組むことができ，教師評価は一定の評価平均点を維持している。

　しかし，学習が進んだ12月の単元であるにもかかわらず「自分を知る」における取組状況評価の平均点は2.36で，他の単元を含めた全体の平均2.58と比較すると，教師による評価は低いことが分かる。「自分を知る」の単元は，生徒が12月までに実施した他の単元と違い，何か活動を通して自分自身を振り返り理解するという内容ではなく，正に自分自身について見つめ，考え，理解する（自己分析する）単元である。「セルフ取説」は，さらにそれを相手に伝えるために文章で表現するという課題であり，知的障害のある生徒にとっては難度が高い単元であったと考えられる。

　先行研究でも「指導が難しい指導内容」として十分に指導されてこなかった，自分自身の内面を捉えようとするような抽象的な課題においては，今後も指導方法を工夫し，様々な指導実践を積み，効果的な教材開発を行うことが課題である。

　本研究では，「セルフ取説」作成の活動に際し，生徒が自分自身のことを理解し記述できるようにするために，段階的に自己理解を深めていけるような手立てとして，事前に自己を知るための学習プリント（自己分析をしよう）も実施した（資料-8）。その内容は，自分自身の好みや考え方を選択肢から選ぶことから始まり，自分の性格を見つめ直すような選択肢，続いて自分の行動について

分析し評価する内容の学習プリントになっている。直接文章で自分自身について表現する課題を行う前に，選択肢を用いて自分自身の行動やタイプを選ぶことで，分かりやすく自分自身について考える機会を作ることができたと考える。生徒たちは，気軽に楽しみながら自分について見つめ，回答したり，友達と比較し合ったりしながら自己理解を深める活動に取り組むことができ，効果的な教材であったと考えている。単元「自分を知る」では，学習プリント等で生徒が理解して取り組むことができるような工夫を行ったけれども，課題の理解や取組状況は他の単元と比較すると十分ではないという教師の評価であった。校内実習など実際の行動の変化が見て取れる単元と比較すると成果を実感することが難しい単元である結果とも言えよう。今後さらに，単元のねらいを達成するための学習教材を工夫することの重要さを認識する結果であった。

　次に，生徒の記述内容に対する教師の評価について検討する。担当した教師の評価（表5－15，16）は，他の単元における生徒の理解度や取組状況と比較すると低い結果となってはいたが，記述内容を見ると生徒たちは自分自身のことを理解し，相手に「こんな時はこうしてほしい」「説明する時はこんな方法で説明してほしい」など伝えたい内容を記述することができている。このことから，生徒たちは自分自身の特性を捉え，どんな風に対処するとよいかをある程度理解でき，自己理解や社会的スキルの高まりを見ることもできる。

　さらに，担当した3名の教師に，「自分を知る学習の成果として，自己を理解して記述できた」と評価できる記述内容を選んでもらい，それを表5－14で示した6つのカテゴリー分類に当てはめて分類し，回答記述総数に対する評価された回答数の割合を示した（表5－17）。

　この結果から，単に「○○が好き」といった嗜好や「計算が得意」など学習面についての記述に対する教師の評価は低く，「自分は一度にたくさんに説明されると理解できないので少しずつ説明してほしい」「口頭説明だけでは分かりにくいのでイラストなどで示してほしい」など自分の特性を理解した上で相手に望む説明の仕方について記述がなされていたり，「行動が遅い，やることに時間がかかる」「決められたことは最後までやる」など自分の行動に対しての理解と自覚がある内容が記述されていたりするものに対し評価が高いことが分かる。教師たちは，生徒が自分の特性を捉え，苦手なことやうまくできないことへの

表5-17 セルフ取説の記述に対する教師の評価

記述項目	カテゴリー	回答記述総数	教師の評価した回答	
			回答数	教師の評価率 (%)
私の特徴	性格傾向	25	7	28.0
	行動面	21	8	36.2
	嗜好	2	0	0.0
私の得意なこと	行動面	18	6	33.3
	学習面	10	0	0.0
	嗜好	6	1	16.2
私の使用法	関わり方	9	3	33.3
	説明の仕方	19	10	52.6
	行動面	5	2	40.0
私の注意点	説明の仕方	22	13	59.1
	行動と関わり	12	6	50.0
故障時の対応法	関わり方	26	10	38.5
	対処法	8	3	37.5

対処法を理解し，それをさらに相手に伝えることができるということを高く評価していると言える。

　表5-17で示したように，教師は，「(相手に望む自分への) 説明の仕方」が記述されたものに対し，学習の成果だと評価する割合が高いことが分かる。これは，自分を理解した上で相手とのコミュニケーションを図るための方策について記述した内容である。教師は，例えば自分自身への説明の仕方として「口頭でなく手順書，文書，マニュアル等で」，「一度に多くでなく1つずつ」，「1回では聞き取れないから繰り返して」，「聞き取りやすい場所で」，「混乱しないよう内容を統一して」など，生徒が自分自身の特性を踏まえ，その上で相手とのコミュニケーションを円滑にするための方策について考えることができていることを評価しているのである。このことから，教師は，生徒が自分自身を知り自己理解を深めることで，周りの人との人間関係やコミュニケーションの改善や促進につながることを期待していると言えるのではないか。

　単元「自分を知る」は難易度の高い内容であることから，本実践における単元の達成度に対する教師評価は低い結果であったが，生徒の自己理解をさらに深め，周りの人に自分自身のことを説明したり，それを通じて円滑な人間関係を構築したりすることがさらにできるように，今後も継続して取り組むことで効

果が期待できる活動内容だと考えられる。

5.4.4 コミュニケーションの力との関連についての検討

　ここでは，「セルフ取説」の事前学習として実施した学習プリント（自己分析をしよう）の中の，相手とのコミュニケーションに関する2つの質問に注目し，検討を行う。学習プリントの質問は「人の話を最後まで聞く（話の内容が分かる）」と「自分の言いたいことが相手に分かりやすく伝わっていると思う」の2問で，質問に対し「そのとおり！」「そうかも」「ちがう」の選択肢から自分に合ったものを選ぶものである。

　生徒の回答（学習プリントを確認できた21名分の回答）を先述の**表5-9**の2グループで分類し，生徒自身のグループ間の自己評価の違いを検討した。生徒の回答を，「そのとおり！」3点，「そうかも」2点，「ちがう」1点で評点し，グループごとの評価点の平均値について対応のない t 検定を行い，結果を**表5-18**に示した。

　結果はグループ間に有意差は見られなかったが，平均値においては，どのグループのどの質問の回答も「そうかも」2点を下回る値となっており，聞く・伝えるといったコミュニケーションに関する自己評価はあまり高くないことが分かった。「人の話を最後まで聞く」の質問項目の平均値では，やや G1 の自己評価の方が高い値になっている。この結果から，コミュニケーションの力に関しては，両グループ共に自己評価は高いとは言えず，自信のなさが窺えた。

表5-18　コミュニケーションの質問項目に対する自己評価平均と平均の差の検定結果

	1グループ		2グループ		
	平均値	標準偏差	平均値	標準偏差	t 値
人の話を最後まで聞く	1.85	0.55	1.50	0.53	1.80 *n.s.*
言いたいことが相手に分かりやすく伝わっている	1.62	0.65	1.63	0.74	0.71 *n.s.*

　そこで，教師はそれぞれのグループの生徒に対し，コミュニケーションの力についてどのように評価しているのかを見るため，教師が行った生活面・作業

面における評価表から,「人間関係の力」の中の「人間関係」と「意思表示」の質問項目を取り出し検討を行った。分析は,統計ソフト HAD を用い,グループ及び時期ごとの反復測定分散分析を行った。その際には,有意確率5%未満を有意な差とした。まず,「人間関係」の評価について検討した結果を表 5-19, 20 及び図 5-7 に示す。

表 5-19　教師による「人間関係」の評価平均値及び標準偏差

		平均値	標準偏差	n
1学期末	G1	2.67	0.49	15
	G2	2.17	0.58	12
学年末	G1	2.47	0.52	15
	G2	2.17	0.58	12

表 5-20　教師による「人間関係」評価の反復測定分散分析結果

	自由度	F 値	有意確率	
時期	1	1.04	0.32	$n.s.$
グループ	1	4.76	0.04	*
時期×グループ	1	1.04	0.32	$n.s.$
誤差(時期)	25			

* : $p < .05$

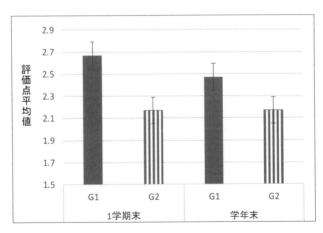

図 5-7　教師による「人間関係」評価の2要因分散分析結果

「人間関係」の評価においては，交互作用は見られなかった。単純主効果の検定を行ったところ，時期による差は見られないがグループ間においては有意差が見られ，G1の生徒に対する評価が有意に高いことが認められた。特に，1学期末における評価差が大きく，学年末にはG1の生徒に対する評価が下がったため差は小さくなっている。

次に，「意思表示」における評価結果及び検定結果を表5-21，22と図5-8に示す。こちらも，交互作用は見られなかったが，有意確率0.07と交互作

表5-21 教師による「意思表示」の評価平均値及び標準偏差

		平均値	標準偏差	n
1学期末	G1	2.93	0.26	15
	G2	2.42	0.51	12
学年末	G1	2.60	0.51	15
	G2	2.50	0.67	12

表5-22 教師による「意思表示」評価の反復測定分散分析結果

	自由度	F値	有意確率	
時期	1	1.27	0.27	n.s.
グループ	1	3.81	0.06	n.s.
時期×グループ	1	3.5	0.07	n.s.
誤差(時期)	25			

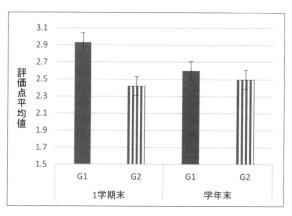

図5-8 教師による「意思表示」評価の2要因分散分析結果

用の傾向は見られた。単純主効果の検定を行ったところ，グループ間にも差の傾向（有意確率 0.06）が見られ，G2 に比べ G1 の方が高い結果であった。特に，1 学期末の教師評価のグループ間差には 5％水準で有意差が見られた。学年末には G1 の生徒の評価が下がり，G2 の生徒の評価が上がったため有意差は見られなくなっている。

　以上のことから，グループによらず，人の話を聴いたり，自分の言いたいことを伝えたりするためのコミュニケーションの力についての評価は，他者（教師）評価に比べ自己評価が低く，生徒たちはコミュニケーションの面で自信のない様子が窺えた。

5.5　総合考察

5.5.1　知的障害者にとっての自己理解の学習

　手島・吉利（2001，p.212，p.215）は，知的障害者が自己決定を実現するための学習と支援の研究動向について報告しているが，その観点の 1 つとして「障害の自己認識」を挙げている。本研究では，知的障害生徒にとっての障害の自己認識は，自分自身の特性や不自由さを認識することであり，それを踏まえてうまく行かないときや苦手なことへの対応の仕方を自分自身が理解することへの発展が望まれ，さらに自己を肯定し自信をもって生きることへとつなげていくものと考えた。

　手島・吉利によると，知的障害者が支援との関連において，自己認識を獲得する過程や学習内容や指導方法は十分検討されていないとも指摘されている。特に，障害者が主体となって自ら学習することにより自己理解（認識）する過程を検討した研究は十分になされてきていないと言える。そこで，本研究では，1 年を通し意識的に「自己理解」を図る指導を行い，学習者である軽度知的障害生徒が自己について考え学ぶ機会を通して自己理解を深めることができることを実証し，その変化を検証することを目的に研究を行った。その過程の中で，生徒及び他者（教師）評価を取り入れ，生徒の自己理解の学習効果の検証も試みた。

第5章　教科「職業」を中心とした自己理解を促す指導方法の検討

　その結果として明らかになったことが以下の点である。第1に，知的障害生徒の自己理解の過程は健常者のそれとは違い，生徒の実経験に基づく具体的な生活に根ざして自己は認識され，深められていくということである。例えば，目標設定においても抽象的な理想の自分を思い描いて目標を立てるのではなく，**表5-3**で見られるように，自己理解の学習を行った結果，自分自身の目標がより生活に根差した課題へと変化したことが挙げられる。彼らは自分に関わって実際に経験した事柄について情報を得て認識し，自分のものとしていくことを研究を通して改めて確認することができた。知的障害者は，自己のこれまでの経験を総合的に内省したり，自ら世の中の情報を得てイメージをふくらませたりして自己を捉えるというよりも，生活の中における経験や具体的な事実を1つずつ蓄積して自己を形成していくということである。

　第2に，自己理解の学習は難しいとされてきたが，知的障害生徒が理解できる内容を精選し，繰り返し学習することで可能となるということである。生徒たちの自己評価の回答や学習ノート，「セルフ取説」の記述を見ると，生徒たちは活動の課題に対し達成できたかどうかについて振り返ったり，自分自身の性格や行動について見つめ直したりする活動を繰り返し行うことで，自分自身について認識し，理解を深め，表現し伝えることができるようになっている。これまで，知的障害者の自己決定や自己理解は困難と見なされてきた（手島・吉利 2001，p.215）が，本研究の結果から，「気分の変化が激しい」とか「分からないと混乱する」など自分の状況を認識したり，「1つずつ説明してほしい」とか「失敗やミスについて改善点を説明してほしい」など自分の特性を知った上でどうしたら対応できるかということについても考えたりすることができていた。このように，軽度知的障害者が生活経験の中で具体的に捉えることのできる自己認識・自己理解の内容を中心としながら，彼らが咀嚼できる適切な情報提供を行うことで，それはある程度可能となるということが実証できたのではないかと考える。

5.5.2　自己の課題（目標）設定の変化

　知的障害生徒は，自分が実際に体験したことに加え，周りの人から得た情報を取り込んで自己認識を深めていく。本研究では，積極的に自分自身を見つめ，

自分自身について考える活動を取り入れることで，入学時には漠然と「社会自立」することを目標に掲げていた生徒が，生活に根ざした自分の今現在の克服すべき課題を認識し，より具体的な目標設定へと変化する様子が確認できた。その変化については表5-3に示したが，「就職をして仕事をする」などの漠然とした大きな目標から「言葉や態度に気を付け前向きに取り組む」「礼儀を身に付ける」「積極的に物事に取り組む」など生活上のより具体的な目標への変化が見られ，何に自分が取り組むのかということが目標として示されるようになっている。さらに身近な「忘れ物をしない」「宿題を忘れない」「苦手な漢字や勉強をがんばる」という目標も記述されていることから，知的障害生徒は，軽度障害であっても自分の生活から遠い目標を設定することはせず，身近な生活上の目標を設定するということも，この研究から改めて確認できたことである。

このことは，ジグラー・ゲイツ（2000，p.65）が知的障害者の現実自己と理想自己の差が小さい傾向について述べたことを支持するものである。このような自己理解の学習により，自分自身の課題に向き合い，それを改善したり克服したりしようとして目標を設定する姿への変化は，本研究における学習の成果とみることができると考える。さらにそれが，軽度知的障害生徒自身が将来に向けて自分自身をどのように変えていきたいかという，具体的な方向性をもつこと，すなわち自己の将来ビジョンにつながる第一歩となっていると考えられる。

ほとんどの生徒たちが1年間の学習を経て自分自身の目標設定を行うことができ，将来の生活に向けて自ら学校生活における目標を設定したことは，「自己決定」につながる自己理解の契機となったと考える。湯浅（1998，p.170）は，「自己の判断・選択を通して『自己理解・自己評価』の力が育つこと，これも自己決定の条件として挙げられているものである」と述べているが，生徒たちは自己理解や自己評価の学習を経て，自分自身の目標を決定する力が育ったのではないかと考える。

5.5.3　他者（教師）評価と自己評価実施の効果

本研究では，先行研究でも指摘されてきたように，知的障害生徒が，これまでの生活の中で，経験不足や十分な機会が与えられなかった結果として自信を失い，萎縮した状態であったり，逆に狭い生活経験の中で自分を客観的に捉え

第5章　教科「職業」を中心とした自己理解を促す指導方法の検討

表5−23　生活面・作業面の4領域全体の総評価点平均値及び標準偏差

	G1				G2			
	1学期末		学年末		1学期末		学年末	
	平均値	標準偏差	平均値	標準偏差	平均値	標準偏差	平均値	標準偏差
教師評価	53.20	3.57	54.13	6.99	49.58	4.64	53.83	5.91
生徒自己評価	44.93	4.28	47.60	3.78	49.58	3.85	46.58	4.34

られず過大に評価したりすることがあることが確認された。しかし，本研究における実践を検証した結果から，萎縮傾向が見られた生徒は，自己を見つめ理解を深める学習を経て，自己評価を上げることができ，自己を過大に評価する傾向のあった生徒はより客観的な評価へと自己評価を下げる変化が見られた。

　ここで，改めて「生活面・作業面における評価表」を用いて行った教師評価及び生徒の自己評価について，4領域全体の総評価点の1学期末から学年末への変化をグループごとに示す（表5−23）。

　G1の生徒の4領域全隊の総評価点の平均値は44.93から47.60へ2.67ポイント上がっていることが分かる。また，一方のG2の生徒の平均値についても，1学期末から学年末へ平均値は3.00ポイント下がっている。年度当初の教師評価を見ると，G1の生徒に対する評価は高い評価であったが，G2の生徒に対してはG1と比較し低い評価であった。しかし，学習を経てG2の生徒がより客観的な自己理解が可能となることで，教師はG2の生徒への評価を4.25ポイントも上げている。G2は教師評価と生徒の自己評価の差が小さいグループであったが，1学期末から学年末に向け評価点平均値を上げているので，教師評価と自己評価の平均値の差は開いた結果となっている。この変化は，自己理解の学習の成果として評価できる結果であった。本研究で実践した他者（教師）評価との擦り合わせを行い，自己に対する客観的な評価を知る取組は，以上の評価点の変化だけでなく，生徒が「指示通りに動けないことがある」や「早とりすることがある」との記述から見られるような自分を認識したり，「指示を1回だけでは聞き取れないので2回説明してほしい」や「口頭だけでなくイラストや実演でしめしてほしい」などの対応の仕方を表現したりした記述内容からも，他者評価を受け入れ自己評価に取り入れることができたという成果を見ることができた。

この取組の効果を，改めて以下にまとめる。1つは，教師との面談を経て自分自身がどのように行動したらよいか振る舞い方を知り，よりよい行動の仕方を身に付けていくことができたということである。他者の評価を得て，自分の姿を再認識することは，次の目標が明確になりよりよい行動へと結びつき，そのことが達成感や自信に結び付く要因となる。湯浅（1998, p.170）は，「『できない』子どもが，学びへの意識を高めていくうえで，他者からの評価の質は決定的な要素である」と述べているが，より客観的に自己を理解することにおいて，適切な他者評価は非常に有効である。教師からの肯定的な評価を得て，自己理解を深めることができたからこそ，「セルフ取説」における「（相手に望む私への）説明の仕方」の記述に見られるような，自分自身の特性を踏まえて必要な支援を自分で相手に伝えることができる力が育ったと考えられる。

　2つ目は，客観的な自己理解につながるということである。本研究「5.4.2 生活面・作業面における評価」の結果（表5－10, 11, 図5－5）で示したように，入学当初自信がなく，萎縮傾向にあった生徒（G1）が学年末に自己評価を上げることができた。これは，教師評価の結果や教師からの言葉掛けなどにより「これで良いのだ」という確信や自信をもつことができた結果だと考える。また，自己を過大評価する傾向のあった生徒（G2）に対しては，客観的な自己理解を身に付けることが課題となっていたが，教師との面談や学習を経て，評価の基準を知ることができ，他者から求められる行動を知り，振る舞い方を身に付けることができたと考えられる。

　もう1つ，本研究から興味深い示唆を得た。それは，本研究における教師評価において見られたことであるが，他者が期待する客観的な自己理解は他者評価よりも少し低い自己評価を指すということである。松岡（1977, pp.78－80）は，職業的自立のカギをにぎる基本適性の中身として，「自己認知の客観性」「集団参加とコミュニケーション」「自己指南力」を挙げているが，その報告からも同様の傾向を窺うことができる。松岡は，職場で良い評価を得るためには，自己認知の客観性が必要であるという研究結果を示している。雇用主が劣等者と評価した者のすべて（100％）が自己過大評価をしており，自己過小評価は劣等者や普通の者には見られない（0％）。普通と評価された者は，自己過大評価が78.9％，妥当評価（客観的認知）が21.0％であるのに対し，優秀者は，自己過大

第5章 教科「職業」を中心とした自己理解を促す指導方法の検討

評価が 23.5％, 妥当評価（客観的認知）が 58.0％, 自己過小評価が 17.6％という結果である。評価が上がるにつれて自己を客観的に評価（妥当評価・客観的認知）できる割合が上がっている。松岡も自身の研究結果から「優秀者ほど, 客観的な自己認知ができており, 評価のかんばしくないものほど自分をかいかぶっている」と述べている。

　本研究においては, G2 の生徒たちが過大評価傾向にある, としてグループ分類を行ったが, 1 学期末時点では**表 5 - 23** に示すように 4 領域全体の総評価点の平均値は教師評価も生徒の自己評価も 49.58 と同じ値である。数値から見れば, G2 の生徒は教師と同程度の評価を自分自身にしていたということであり, 客観的な自己評価ができていた, とも言える結果であった。にもかかわらず, 教師たちは自己認識や現実認識の甘さを G2 の生徒には感じており, G1 の生徒と比較して低い評価をしている。このことから, 客観的な自己評価というときには, 他者評価よりも少し低く評価された自己評価が期待されているのではないかということが示唆された。

5.5.4　自己理解の指導内容・方法

　知的障害生徒の自己理解を支援するためには, 生徒の生活に根差した具体的な課題設定を行い, 生徒が課題を十分に取り組めるような指導内容や教材開発が重要な部分を占めるということを, 取組を通して確認することができた。教師が行った生徒の取組状況の評価からは「校内実習」など具体的な生徒の行動を評価できる単元に比べ, 「自分を知る」の単元における生徒の理解度や達成度の評価は低い結果が出た。これは, 「必要だが指導が難しい」内容であり, 生徒にとっては難易度が高い単元であったためであり, 教師のねらい程の成果が得られなかったと教師は感じたのであろうと考える。しかも, 教師にとっては抽象的な課題を生徒に分かる具体性をもった内容に代え, 取り組みやすくすることが必要なため, 様々な工夫が必要な単元であった。しかし, 生徒の記述（**表 5 - 16**）を見ると自分の性格や特性について書かれていたり, 苦手な場面での対応の仕方を表現出来ていたりしており, 他の単元に比べて評価点は低いけれども一定の成果を得ることができていたと考えられる。また, 単元の取組として教師たちが考え工夫した「学習プリント」や「セルフ取説」の取組のアイデアは,

知的障害のある生徒が活動内容を理解し，興味をもって取り組むために有効で
あったのではないかと考える。

　さらに，記述内容から学習の成果として生徒が自分自身を理解できるように
なったと評価した結果（**表5-14**）からは，教師は，生徒の自己理解を問題と
するときに，単に自分の特性や性格，嗜好を認識するだけでなく，自分が生活
する上でそれにどう対処するか，周りの人と関わりながらどのように解決する
かということを生徒自身が理解することを「自己理解ができた」と評価している
ことが窺えた。

　このことから，難易度が高い課題であっても，本取組は生徒の卒業後の社会
生活においては必要とされる力を育成し，自己理解を促すものであり，丁寧に
繰り返し学習することで，今後さらに生徒が自己理解を深めていくことが期待
できる指導内容・方法であると考えられる。指導が難しいとされる内容の指導
ではあるが，今後さらに指導内容・方法，教材の工夫をしながら指導に挑戦し
ていくこと，また，将来の社会生活に向けて自己理解の時間軸を広げていくこ
とが重要であると考える。

終　章

軽度知的障害生徒の自己理解と
その支援に関する総合考察

6.1　知的障害者の自己決定過程における「自己理解」の位置づけ

　本研究では，知的障害のある人が自己決定をするための基礎あるいは前提として「自己理解」が必要という捉えで論を進めてきた。ここで，自己決定過程における自己理解の位置づけについて改めてまとめておきたい。

　第1章では，知的障害のある人には「選択できない」，「決められない」として周りの支援者が決めてしまうのではなく，日常生活の中の些細な1つ1つの事柄について，また，様々な場面において，可能な限り多くの選択行動や決定行動の機会を持つことが重要であるとして，従来行われてきた実践を紹介した。しかし，その中には「決定する」あるいは「選択する」行動・行為のみを捉えて自己決定の取組とするものが多く，それでは不十分と批判的に論じてきたとおりである。知的障害児は「選ぶ」，「決める」という行動・行為がその先の自分の生活にどのような影響があるのか，何故自分はそれを選ぶ（それに決める）のかなどの認識がないまま「行動すること」を促され，支援者もまた子どもが行動するということに目が行きがちになっていたのではないかと考える。そうした反省を踏まえ，行動を促す際には，支援者は子どもに十分な情報提供を行い，自分の置かれた状況が理解でき，選択・決定することの意味が分かるようにして，自分自身の意思が関与した選択行動や決定行動がうまくできるように繰り返し取り組むこと，すなわち自己理解を促すことがその先の自己決定のための必要な要件となるとの認識に至った。

第1章で取り上げたが，手島（2003，pp.247 - 249）は，アメリカ合衆国の障害児教育における自己決定を行うためのスキルには，日本において実践されてきた「選択スキルや問題解決スキル等の自己決定の実行にかかわるスキル」だけでなく，自己観察スキルや自己評価スキル等自己決定の評価にかかわるスキルや，自分自身に関する知識とそれを基礎とする肯定的な自己認識のスキルをも含むものであることを紹介している。さらに，手島の紹介した Field & Hoffman モデルには，自己決定を①自分自身を知る，②自分自身を尊重する，③計画する，④行動する，⑤成果を経験する・学習するという一連のプロセスとして位置づけられており，そこからは自己決定には自分自身を知り，尊重し，行為の結果を評価することが含まれることが分かる。

　本研究第3章の事例では，幼少期から高校生まで自己決定することなく，周囲の大人の決定を受け入れてきたD男が自分自身を知り，自分の将来への希望をもち将来の進路を自己決定することができた過程を報告した。そこにおいても，D男は意思決定するために，自分自身の感情や意思を認識し，過去を振り返る過程を経て自分自身の意思を尊重し行動するという一連のプロセスが必要であることが確認できた。また，第5章では，授業における学習を通して自分の性格や特性について見つめ自己理解したことで，より具体的な自分が取り組むべき目標を決めることができるようになった結果を報告した。知的障害者の自己決定は，単に物や事柄を「選択する」，「決定する」行動・行為を指すのではなく，「選択」，「決定」が自らの生活や将来についての意思を示すものであり，周りが示してくれた選択肢に乗じて「選択する」ということだけではなく，本人が選択肢の設定に関与することや，選択することがその後の本人の生活に影響し価値をもたらし，それを評価することが重要だと考える。このことから，行為・行動するためのスキルを身に付け，自分を知り，自己理解を深める過程を含む一連のプロセスとして自己決定を捉えた方がよいと考える。

　本研究で行った実践及び調査をもとに，手島によるアメリカにおける報告を参照しながら，軽度知的障害生徒の「自己決定の過程」を図にまとめて捉え直した（図6 - 1）。

　図6 - 1で示したように，「選択」，「決定」という行動・行為を実行するためのスキルを身に付けることと同時に，自分自身への理解や認識をもつことが重

終　章　軽度知的障害生徒の自己理解とその支援に関する総合考察

要で，それを抜きにしては，その先にある自己決定にはたどり着かない。両者をうまく成し遂げられることで自己効力感が高まり，自己決定へとつながるのである。これまでの教育実践や知的障害のある人の生活の中において，この過程が十分に支援されてこなかったのではないかと考える。

本研究では，知的障害生徒が自分自身の性格や特性，行動について振り返り，考える機会を指導計画の中に設定し，自己理解の支援の実践を行った。今回の実践では障害の程度が比較的軽度な生徒を対象としたが，障害の程度に応じた情報提供や課題設定を行うことで，それぞれの子どもに合った自己理解の学習を展開していけるものと考える。教師は，「自己決定」の力を育成するためには，「選ぶ」，「決める」といった行為をするためのスキルの指導だけでは不十分であり，子どもたちが「自分自身を知る」学習を積むことが重要であることを認識し，そのための学習を意図的に設定すべきであることを強調したい。

自分自身を理解することで，子どもたちは選択したり，決定したりすることの自分にとっての意味が分かり，より「できる」，「分かる」生活の実現につながっていくと考える。それが自己肯定感・自己効力感につながり，モチベーションとなって，人生の重要な決定に際しても，自分が関与して自己決定を行うことができる力の育成へとつながると考える。

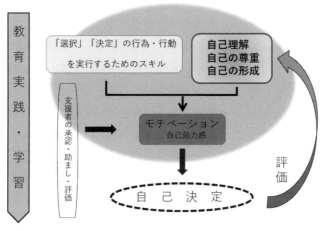

図6-1　自己決定の過程

6.2　知的障害生徒の自己理解とその支援の在り方

　知的障害者の「自己決定」には「自己理解」の学習が重要と述べたが，従来は知的障害者には判断したり，決定したりすることは難しいとされ十分に実践されてこなかった経緯がある。それは，知的障害者には，抽象的な思考が難しいと考えられてきたからでもある。成長して高等部になった生徒においても自己決定に必要な「自己理解」の学習は「必要な内容とされながらも，指導が難しい内容」としてなかなか実践されてこなかった。しかし本研究において，知的障害生徒が自分自身の性格や特性，行動について振り返り，考える機会を指導計画の中に設定し自己理解を促す支援を行ったところ，彼らは自分の生活上の課題を自ら選び目標設定したり，自分の障害特性を知りそのための対処法を考え表現したりすることができた。そのことから，知的障害者においても支援の方法を工夫することで自己理解を深めることができるということを実証できたと考える。

　本研究から，軽度知的障害生徒の自己理解の学習の過程やその内容の検討を通し，明らかになった点をまとめる。1つ目は，知的障害生徒の自己理解は，自分の生活の中で経験した具体的な事柄によって形成されていくということである。これは，健常児にとっても同様のことが言えるが，知的障害児と違う点は，彼らは自ら情報を得たり，経験しないことを様々な情報と結びつけて想像したりすることができ，将来への展望や理想をもつことができる点にあるということができる。知的障害生徒も将来の夢を語ることはあるが，現実の自分と結びつけて，今の自分から遠い理想の自己を想像することは難しいと言える。第4章及び第5章で報告した学校生活に対する意識調査の中で行った「目標設定」の回答結果がそれをよく表している。自分を見つめる学習を経て生徒が立てた目標を見ると，入学当初の漠然とした目標から，学年末には自分の姿に関与させて立てられた現実的な目標へと変化が見られた。自分自身の目標を捉える際に，生徒は今取り組んでいる課題や周りから掛けられる言葉を反映させ，より身近で具体的な目標設定をするプロセスを踏むことが分かった。また，評価の基準や内容を明確に示すことで自己評価したり，学習プリントなどで段階的に自分自身の特性や困難な場面について理解し，そのときの対処法につい

終　章　軽度知的障害生徒の自己理解とその支援に関する総合考察

て考え，記述したりする活動にも取り組むことができるようになった。こうした学習内容・方法は，生徒が自己を見つめ自己理解を深めるには有効であったと考える。

このように，知的障害生徒は置かれている現実の中で自分を見つめ，自らの言葉で自らを表現することを繰り返し行うことで，自己を認識する経験を積み重ねることができる。そして，その経験から自分にふさわしい生き方や行動を理解し，自己を形成していくと考えられる。これは，知的障害者が自己を理解するための重要な過程である。

2つ目は，適切な情報や他者評価が知的障害生徒の自己理解や自己の形成に重要ということである。知的障害生徒の多くが失敗経験をもち，自分に自信がもてずにいることは繰り返し述べてきたことであるが，その傾向は本研究の対象生徒にも見られた。生徒は，適切な情報を得て自己理解を促す学習を行った結果，学年末の自己評価を上げることができた。生徒が，第5章で行った意識調査の「入学してよかった理由」として「自分の課題が分かった」り，「積極的な行動ができるようになった」りしたと記述していることからも窺える。これには，自己理解の学習を進めると共に，他者(教師)評価を知り自分に対する客観的な評価を取り入れる経験をしたことや，励ましたり認めたりしてくれる他者の存在があったことが大きく影響したと考えられる。

また，一方で自己を過大評価する傾向のある生徒も見られた。大谷・小川(1996，p.17)は，小学校の中学年から高学年の間に自己評価の低下が認められ，小学校4年までの間に過大に肯定的な自己評価が低下し適切なものになるという，健常児における傾向と同様の傾向は知的発達が同程度の知的障害児にも見られたことを報告している。榎本(1998，p.84)も，ミラーやロールズの学習無力感の研究を挙げ，自己概念の発達経過の中で，児童が10歳くらいから知的課題の失敗の後に自己の知的能力についての否定的な推論をすることを紹介している。また，外山らが小学校高学年の児童では社会的比較が可能となり，客観的に自己を捉えられるようになると述べているのを受け，中山・田中(2007，p.49)が行った調査結果からは，自己評価の低下が中学生に移行する段階で起こるとの推測が報告されている。いずれにしても小学校高学年から中学生への移行の時期に自己評価の低下が見られるとされているが，本研究において自己

を過大評価する傾向のある生徒の精神発達は，自己評価を実施した時点ではその段階に至っていなかったのではないか，と考えられる。

小島（2007，p.25）が，過大な自己評価と知的発達水準との関連性について言及し，「他者からの評価に気づかせるとともに，自らの過大評価について認識し，適切な自己評価ができる能力を育む支援へつなぐことが望ましい」と述べているが，本研究では発達年齢が低く過大傾向を当初は示した生徒も，他者評価との擦り合わせを行い，学習過程の中で適切な情報を得ることで，より客観的な自己評価へと修正ができたと考える。

また，他者評価を得て自己評価の変化が見られたことについては，教師評価だけではなくクラスの友人間における日常の関わりも大きな要因になっていると考えられる。集団指導の中で，自分自身（個）を見つめ，その内容を発表したり話し合いを行ったりする中で，友達の考えや意見を自然に取り込む機会があったと考えられる。担任や授業担当教師からの個別指導だけでなく，他者としての友達の視点や考えを意識することができたことは，授業で「自己理解」支援に取り組んだから得られた成果と言えるのではないだろうか。

6.3　特別支援学校高等部における青年期教育の重要性

青年期は，子どもから大人への過渡期・移行期である。それまでの様式を否定して新しい様式を再構築する過程であり，この時期における青年期教育の役割は，青年自身による「子どもから大人への自分づくり」を教育的に組織し，方向づけ，援助することだ（渡部 1997，pp.228 - 229）とされている。しかし一方で渡部は，障害児には「青年期はない」かのように扱われ，障害の軽い者は「早く手に職を」と就労を急かされ，子どもから一気に大人になることが強要されがちであったとも指摘する。特別支援学校高等部の指導においても，従来は，卒業後の社会自立・職業自立を強く意識した指導，すなわち青年期の自分づくりの重要な発達課題をもつ時期という意識がないままに社会人としての振る舞いを身に付けるための職業訓練的な指導に偏りがちであった。このことは，細渕（2000，p.20）をはじめ多くの研究者から指摘されていることである。

しかし，青年期は障害のある人たちにとっても，様々な不安を抱え，葛藤す

終 章 軽度知的障害生徒の自己理解とその支援に関する総合考察

る中で自己を意識し確立していく時期である。第3章の軽度知的障害生徒の事例が示すように，「本当に自分はこの人生の選択で良かったのか」，と問うことができたのは，高等部段階すなわち青年期のこの時期だったからこそではないか，と考えられる。軽度知的障害生徒は，失敗をしないために，幼少期より自分の置かれた状況をよく理解できないまま，自分で決定することから身を引き，問題解決場面では外的指向性を増大させ（つまりは決定を人に委ねて）適応を図って生きてくることが多かったであろうと推察される。それが，特別支援学校高等部に入学することで，授業内容が分かり，達成できる経験も確実に積んでいける環境が整うことで，自分で遂行する自信や周りの友達と共に活動する経験ができ，他者への意識が広がり，自己理解を深める準備ができると考えられる。この好機をこれまでの特別支援学校高等部における指導の中では，十分活用できていなかった。そして，そのことが，学校生活への不適応や問題行動の増加にもつながっていると考えられる。高等部入学を契機に，軽度知的障害生徒に対し自己理解を促す指導を取り入れることは，自己を客観的に捉えることを可能にし，また，社会への移行期である高等部の時期に自らの特性理解をはじめとする自己理解を深めることにつながり，その後の適切な進路選択によい効果をもたらすものと考えられる。

　児島（2001，p.339）は，知的障害者の当事者団体では，「自分のことを他人に話せるようになること」を学び，セルフアドボカシーを通して，他者に働きかけ，自らを世界に開いていくような試みが行われていると報告している。本研究で取り組んだ「わたしの取扱説明書」（第5章）の活動は，正に自分自身について理解し，それを他者との関係性を意識しつつ自らのことを伝える活動であり，自分が社会につながる意識をもち，そのための方策を身に付ける活動であったと評価している。特別支援学校高等部では，教科・領域を越えて教育課程のあらゆる場面で青年期教育の視点をもって軽度知的障害生徒の指導にあたることが重要であるし，また本研究で取り上げた「職業」や「作業学習」，「特別活動」等の指導計画には意図的に自己理解を深めるための活動を取り入れる必要がある。今後，さらに具体的な学習内容の開発が求められ，また，支援者はできる限りパターナリズムに陥らないよう自覚をもちながら，本人たちが自ら選択や決定が行えるような，また必要なときには援助を求めることができるような場を提

供するための支援技術を高めることが課題となってくる。

　そして，知的障害生徒の自己理解や自己決定を進めていくときに忘れては
ならないのは，保積(2007, p.19)の言う「それが『支援』されていること」である。
自己決定は自己責任のもと行うべし，それができないならば自己決定する資格
はない，あるいは理解の浅い決定の後始末をさせられてはかなわない，といっ
た意見から自己決定から遠ざけられてきた知的障害のある人の自己決定を実現
するには，支援する側が本人の思いを尊重し，支え，協働する環境を作り出す
ことが必要である。支援者側のそうした姿勢，有り様の検討が今後の課題であ
る。

6.4　知的障害者への理解と知的障害教育への意識

　インクルーシブ教育システム構築の推進に伴い，障害のある子どもも，ない
子どもと同じく地域の学校で学ぶのがよいと決めつけるのは知的障害への理
解にはつながらないと，第2章で述べた。それは，生徒自身の声である，第4
章の「特別支援学校に入学してよかったか」の問いに対する「よかった理由」の記
述からも読み取ることができる。「自分に合った勉強ができる」，「友達ができ
た」など多くのよかった理由が書かれている。中には，「勉強ができないことで
あまり悩まなくなった」，「中学校で通常の学級にいたことを後悔している」と
いうものもある。多くの生徒は，特別支援学校の学習内容が分かり，そのこと
で自信をもつことができるようになったことが窺える。しかし一方で，第3章
の事例D男のように，担任や父母に勧められるまま特別支援学校に入ったが，
学習内容が自分には合わないと感じる生徒も中にはいる。石井(2008, p.40)の
報告した事例では，障害の程度が軽度であったため周りの生徒との差を感じ，
小・中学校の時よりも，むしろ養護学校(特別支援学校)に入学後の方が友達と
の関わりが難しかったと話している。石井は，このような知的障害の子どもの
理解の難しさはその個別性にある，と言っているが，知的障害の特性から一人
一人の状況には見えにくさがあり，本人が自己理解を深めていくためには，周
りが本人の意思を丁寧に聴き取り，必要な支援を正確に読み取ることが支援の
カギとなる。

終　章　軽度知的障害生徒の自己理解とその支援に関する総合考察

　第2章では，インクルーシブ教育システムに関する意識調査の結果を取り上げて，知的障害に対する教師の理解や意識について論じたが，知的障害に対する理解はまだまだ不十分と言わざるを得ない。「小学校及び中学校の普通免許状授与に係る教職員免許法の特例等に関する法律」で特別支援学校と福祉施設等における実習が義務づけられ，障害者とふれ合う機会は作られたが，障害の理解にまでは至っていないのが現状である。石井は先行研究の調査結果を挙げて「教師は具体的援助場面において，同年代の子ども同士の対等な関係を強く認識しており，（知的障害児が学ぶために必要な）援助技術よりも対等関係を促す教育の（方に）必要性を感じていた＊（　）内筆者補足」と紹介している。これは，第2章で得た調査結果から見られた教師の意識と通ずるものである。

　今後は，教員養成段階において，もっと障害理解及び援助技術にも踏み込んだ内容の修得を検討することが必要だと考える。支援者が，知的障害のある人を尊重し，パターナリズムに陥ることなく対等な関係を築き，その中で本人の自己理解を促す関わりを丁寧に継続することのできる力をつけることが求められる。そうした関わりの中でこそ，知的障害者の自己決定は実現する。支援者が，知的障害のある人の自己理解を促し，自己決定を果たす環境になり得るかどうかは，支援者自身の知的障害に対する理解の程度によるところが大きいのである。

6.5　まとめと今後の課題

　本研究では，自己理解が自己決定の過程の重要な1つの要素となっているということを確認しつつ，軽度知的障害生徒の自己理解を促す指導を論点の中心として進め，検討してきた。研究を進める中で，知的障害者の障害特性から，他の障害に比べ支援の内容を特定しにくい個別性の高さが指摘され，支援の見えにくさ分かりにくさがあることや，それ故に周りの教師等支援者にも理解されにくい状況があることが確認された。その解決のためには，支援者側の理解や支援技術を高めることは重要であるが，実践研究を通して，本人の側においても自己理解を深めることがさらに重要であると考える。

　本研究では，従来指導が難しいとされほとんど実践されてこなかった本人の

自己理解を深めることで，障害生徒自身が他者にどのように支援してほしいかということを考え，伝達する力を育成できる可能性を実証することができたのではないか，と考えている。今後，このような指導をさらに展開し，発展させることで，ヴィゴツキー（2006，p.38，p.54）が著作に記した知的障害の「心理的道具」及び「回り道」を明らかにすることができるのではないかと考える。

　また，第5章で示した「学校生活における目標設定」では，1年間の学習の結果，目標を設定できた生徒が増加し，目標の内容においても漠然としたものから，より自分自身が今直面する具体的な課題へと変化したことを報告したが，これは，自己理解の発達の一過程と位置づけられる。それは，梶田（1985，pp.139-141）の自己意識・自己概念の主要様式及び梶田が紹介しているジョアダーンのキャリア教育の探求の過程にも見られる。そこでは，「自己知の増大」について，最初に自分の能力や性格特性など，より現実的な評価をし，次に自分の長所と短所のより現実的な評価，つづいて自分がなぜそのように行動し，感じ考えるのかということに関する理解，自分が他の人たちとどのように類似し，あるいは相違しているかに気づくという段階が述べられている。本研究においては，特別支援学校高等部1年生を対象にした取組の中で自己知の増大の過程を確認することができた。今後は，「新しく得た自己知を将来の目標へと関連づける能力の増大」の段階へと自己理解を発展させるための実践研究を進めていく必要がある。このことも，ヴィゴツキーの著作に見られる「形象的・具体的思考の傾向」から「抽象的発達を促すための可能な限りの手段」への移行に当たると捉えることができる。今後，さらに丁寧な指導を継続し，自己理解を深める過程の探求を進めたい。

　最後に，今回の研究は軽度知的障害生徒を対象に行った研究であるが，障害者だけでなく若者の未就職率，離職率の増加が社会問題となっている現代においては，自己理解を促す指導は障害のあるなしに関わらず，またどの発達段階においても取り組むべき重要な教育課題と捉えることができる。問題の根底には，今回の研究対象とした軽度知的障害生徒と同様に，非障害者である若者が自分自身の適正や職業に対する意識をもつに至らず，自分の職業を自己決定できない状況があると考える。これは，幼少期から自分自身を見つめ理解し，様々な事象に対し自分で考え判断するような学習や経験の不足が一因となって

終　章　軽度知的障害生徒の自己理解とその支援に関する総合考察

いるのではないかと考える。こうした現状の中，学校においては小学校から高
等学校，大学までのそれぞれの発達段階に応じた自己理解の学習の必要性が高
まっていると感じる。今後は研究の視野を広げ，非障害者を含めたすべての児
童生徒一人一人の発達課題に即した自己理解支援の在り方に関する研究を進め
ていくことが重要だと考える。

資　　料

資料－1　学校種別に見た職業教育に関わる指導内容（集団指導）（原田 2009, p.64 より）

		視覚障害	聴覚障害	肢体不自由	知的障害	病弱	複数種
日常・社会生活全般		・マナー(挨拶) ・基本的な生活習慣	・マナー(挨拶) ・一般常識 ・礼状作成 ・交通手段	・マナー(挨拶) ・コミュニケーション	・マナー(挨拶) ・コミュニケーション ・身だしなみ ・健康管理 ・礼状作成 ・金銭管理 ・買い物 ・栄養指導 ・携帯電話の使い方 ・余暇活動 ・公共機関・支援機関の利用悪徳商法の対応	・マナー(挨拶)	・マナー(挨拶) ・コミュニケーション ・金銭管理 ・余暇活動 ・公共施設の利用 ・社会ルール ・結婚
自己理解			・セルフチェック ・集団の一員としての自覚	＊		＊	＊
働くことの意義		・マナー(挨拶) ・基本的生活習慣			＊		
進学，就労に向けた実際的指導	実地実習	・校外臨床実習 ・現場（臨床）実習 ・体験学習 ・奉仕作業	・職場体験学習 ・体験入学	・現場実習	・実習日誌	・職場体験	・現場実習
	実地見学	・事業所、作業所見学会 ・専攻科授業見学 ・就労先見学	・職場見学(職場インタビュー) ・体験学習	・施設見学	・作業所見学	・進路先見学	
	実地実習に関わった校内での指導	・校内臨床実習	・オリエンテーション ・実習報告会	・現場実習の事前・事後指導	・事前指導	・作業学習 ・現場実習報告会 ・実技指導	・実習報告会
	ガイダンス	・卒業生等による講話	・先輩による講話 ・学校説明会	・就職相談会 ・進路講話	・就職相談 ・卒業生の体験談	・職業ガイダンス	
	試験対策		・受験対策				
	資格取得・技能向上のための指導	・資格取得 ・技能検定（パソコン等） ・臨床技術の向上		・パソコン技能			

141

（資料 - 1 つづき）

基礎学力の補充				*		
作業における基礎的能力			・業務施行の確実性	・業務遂行の正確性 ・集中力 ・忍耐力 ・体力 ・持続力 ・使用用具の理解 ・生産活動の知識、技能 ・製品管理 ・作業能率	・集中力	・報告 ・心遣い ・持続性 ・協調性 ・責任感 ・作業のスピード ・集中力 ・表現力 ・安全性
福祉制度				・自立支援法		・療育手帳

注） ＊は、カテゴリーの名称と同様の記載がなされていた回答が含まれていたことを示す。
　　表中の網掛け及び枠の強調は筆者による。

資　料

資料 – 2　軽度知的障害生徒に対する授業で取り上げるものと指導が難しいもの

（井上 2012，p.65 より）

	授業で取り上げる指導内容	指導が難しい指導内容
対人コミュニケーション能力	・自分の気持ちや考えを言葉で相手に伝える ・相手（人）の話を聞く。 ・場や相手に応じた言葉遣いや挨拶をする。 ・挨拶、返事、報告、質問、相談をする。	・相手の気持ちを考えて話す。 ・職場の人と会話する。 ・場に応じた言葉遣いをする。 ・休憩時間に世間話をする。 （その他） ・困ったとき尋ねる、断る、異性とのコミュニケーションなど
社会生活のルール	・時計やタイムカードを使って時間を守る。 ・公共施設、交通機関の利用の仕方やマナー ・携帯電話の使い方やマナー ・場に応じた服装・身だしなみ ・挨拶、報告、連絡をする ・自分の役割を果たす	・携帯電話の適切な使い方 ・お金やものの貸し借り ・金銭の使い方、管理 ・適切な男女交際の仕方 （その他） ・公共の場、公共交通機関のルールなど
基本的な生活習慣	・ロッカーや机など身の回りを整理する。 ・自分の持ち物を管理する。 ・身だしなみを整える、清潔な身だしなみ ・時間を守る。	・規則正しい生活 ・休日など余暇の過ごし方 ・家庭でのバランスのよい食事 ・入浴をして清潔にする。 （その他） ・生活習慣など
職業能力の育成	・品質の高い品を作る。 ・報告、連絡、相談、挨拶、返事をする。 ・指示を意識し、集中して正確に作業する。 ・アドバイスを聞く。 ・正しく道具を使って、安全に作業する。	・働く意欲を持つこと ・作業に対する意欲 ・働くことの意義の理解 ・自分の職業適性の理解 （その他） ・我慢強さ、能率、スピード、丁寧、労働と報酬など

注）表中の網掛け表示は筆者による。

資料－3　インクルーシブ教育に関するアンケート

インクルーシブ教育に関する御意見をお聞かせください。

アンケートで知り得た情報を本調査以外に使用することはありません。御協力よろしくお願いします。

1　現在、特別支援学校に就学している程度の障害のある子が、地域の小学校や中学校の通常の学級に就学することになった場合、受入れについて、どのように考えますか。
あてはまる番号に〇をつけてください。

	十分可能	ほぼ可能	やや難しい	難しい
（1）視覚障害	1	2	3	4
（2）聴覚障害	1	2	3	4
（3）肢体不自由	1	2	3	4
（4）知的障害	1	2	3	4
（5）病弱／身体虚弱	1	2	3	4
（6）精神障害（自閉スペクトラム症）	1	2	3	4

2　特別支援学校に就学している程度の知的障害や自閉症スペクトラムの子どもが、地域の小学校や中学校の通常学級に就学することになった場合、以下のことがらについて、どの程度問題を感じますか。
あてはまる番号に〇をつけてください。

	全く問題ない	ほぼ問題ない	やや問題	問題である
（1）施設・設備面	1	2	3	4
（2）周りの保護者の理解	1	2	3	4
（3）地域の理解	1	2	3	4
（4）周りの子どもたちの理解	1	2	3	4
（5）ニーズに応じた指導・支援	1	2	3	4
（6）教員の専門性	1	2	3	4
（7）人員配当	1	2	3	4
（8）教育課程	1	2	3	4

（9）その他問題となることがあれば記入してください。
（　　　　　　　　　　　　　　　　　　　　　　　　　　　　　　　　　　）

3　インクルーシブ教育では、障害のある子どもも地域の小学校や中学校の通常の学級への就学を原則とする、ということに関連して、一番あなたの考えと近いものを選んで番号に〇をつけてください。

	全くそうだ	ほぼそうだ	ややそうでない	そうでない
（1）障害のある子どもが、障害のない子どもと同じ場で学ぶことが大切と考える。	1	2	3	4
（2）就学先の決定は、本人や保護者の意思に反しないことが重要である。	1	2	3	4
（3）教育委員会や就学候補のいくつかの学校で教育相談を行い、保護者や本人の意思を尊重しながら、適切な就学の場を教育委員会が決定する現行の方法がよい。	1	2	3	4

※その際、通常の学級だけでなく、特別支援学校や特別支援学級など、障害の程度に応じて多様な学びの場があってもよいと考える
（4）その他御意見があれば御記入ください。
（　　　　　　　　　　　　　　　　　　　　　　　　　　　　　　　　　　）

4　知的障害や自閉スペクトラム症の子どもが、小学校や中学校で学ぶ際に、どのような合理的配慮や必要な支援が具体的に必要と考えますか。

資　　料

資料 – 4　学校生活に対する意識調査（第4章及び第5章6月実施）

学　　年		年	
性　　別（どちらかに〇を）		男　　　女	
中学校のときの学級に〇を	通常　　特別支援　　通級		

次のアンケートに答えてください。質問の答えにあてはまるものに〇を、あてはまらない人はその他に答えを書いてください。

1　この学校への入学はいつごろ決めましたか？
　　中学1年　　　中学2年　　　中学3年　　　　　その他（　　　　　　　　　　　　）

2　進学先の学校は自分で決めましたか？
　　はい　　　　　いいえ
　　　　　＊いいえと答えた人は、だれが決めましたか？
　　　　　お父さん　　お母さん　　先生　　　その他（　　　　　　　　　　　　）

3　進路を決めるとき、だれと相談しましたか？
　　お父さん　　お母さん　　先生　　　　友だち　　　その他（　　　　　　　　　　　　）

4　本校に進学を決めた理由は何ですか？（特にあてはまるものを一つ選んで番号に〇を）
　　①自分のやりたいことができる
　　②将来の生活や進路に役立つ
　　③学習の内容やレベルが自分に合っている
　　④やりたい部活がある
　　⑤友だちや先輩がいる
　　⑥その他（　　　　　　　　　　　　　　　　　　　　　　　　　　）

5　この学校で、あなたは自分の目標をもっていますか？
　　はい　　　　　いいえ
　　　＊はいと答えた人は、その目標は何ですか。
　（　　　　　　　　　　　　　　　　　　　　　　　　　　　　　　）

6　本校に入学してよかったですか？
　　よかった　　　　少しよかった　　　　　あまりよくなかった　　　　　よくなかった
　　その理由を書いてください。
　（　　　　　　　　　　　　　　　　　　　　　　　　　　　　　　）

7　本校に入学して、役に立ったと思う授業は何ですか？（最大3つまで〇をつけてください）
　　国語　　　数学　　　社会　　　理科　　　音楽　　　美術　　　保健体育　　　家庭　　　英語
　　職業　　　情報　　　窯業　　　木工　　　紙工　　　商品管理　　　道徳　　　特活
　　自立活動　　　　総学

8　授業以外で役に立ったと思うことを自由に書いてください。

資料－5　学校生活に対する意識調査 (第5章2月実施)

学　　年	年	
性　　別(どちらかに〇を)	男	女
氏　　名		

次のアンケートに答えてください。質問の答えにあてはまるものに〇を、あてはまらない人はその他に答えを書いてください。

1　今、あなたは自分の目標をもっていますか？
　　はい　いいえ
　　＊はいと答えた人は、その目標は何ですか。
　（　　　　　　　　　　　　　　　　　　　　　　　　　　　　　　　　　　　　　）

2　本校に入学してよかったですか？
　　よかった　　　少しよかった　　　　あまりよくなかった　　　　よくなかった
　　その理由を書いてください。
　（　　　　　　　　　　　　　　　　　　　　　　　　　　　　　　　　　　　　　）

3　本校に入学して、役に立ったと思う授業は何ですか？(最大3つまで〇をつけてください)
　　国語　　　数学　　　社会　　　理科　　　音楽　　　美術　　　保健体育　　　家庭　　　英語
　　職業　　　情報　　　窯業　　　木工　　　紙工　　　商品管理　　　道徳　　　特活
　　自立活動　　　　　総学

4　授業以外で、役に立ったと思うことを自由に書いてください。

資　　料

資料 – 6　生活面・作業面における評価アンケート（生徒用）

自分を評価してみよう

名前（　　　　　　　　　　　）

	よい　1	ふつう　2	わるい　3
1　生活の力			
出席状況	1	2	3
生活リズム	1	2	3
身だしなみ	1	2	3
整理整頓	1	2	3
公共交通機関の利用	1	2	3
2　人間関係			
あいさつ	1	2	3
友人や先生との関係	1	2	3
発言，会話，やりとり	1	2	3
情緒の安定	1	2	3
協調性	1	2	3
3　働く意欲・行動			
就職や進路が明確	1	2	3
時間の厳守	1	2	3
安全に対する意識	1	2	3
積極性	1	2	3
家族との話合い	1	2	3
4　作業の力			
体力・気力	1	2	3
指示されたことの理解	1	2	3
正確な作業	1	2	3
作業の速度	1	2	3
持続力・継続力	1	2	3

資料 – 7　生活面・作業面における評価表（教師用）

1　生活面評価表

合計

領域	NO	項目	評価		
			3（できる）	1（だいたいできる）	0（できない）
生活の力	1	出席状況	4月からの欠席が2日以下。（手帳の更新、受診は除く。）	4月からの欠席が3日以下。（手帳の更新、受診は除く。）	4月からの欠席が4日以上。（手帳の更新、受診は除く。）
	2	生活リズム	4月からの遅刻が2日以下。（手帳の更新、受診は除く。）	4月からの遅刻が3日以下。（手帳の更新、受診は除く。）授業中によくあくびをする。	4月からの遅刻が4日以上。（手帳の更新、受診は除く。）授業中に居眠りをする。
	3	身だしなみ	自分で身だしなみが整え、清潔感がある。	自分で身だしなみを整えることができるが、やや清潔感に欠ける。	言葉掛けや支援を必要とし、清潔感に欠ける。
	4	整理整頓	ロッカーを使いやすいように整理整頓ができる。	教師の言葉掛けがあれば、ロッカーを整理できる。	言葉掛けをしても、ロッカーが乱れていることが多い。
	5	交通機関の利用	公共交通機関や自転車を利用して一人で外出することができる。	練習をすれば一人で外出できる。	公共交通機関等を利用して外出することに不安がある。
人間関係の力	1	挨拶	自分から誰にでも挨拶をすることができる。	特定の人のみ挨拶をすることができる。	自分から挨拶をしない。
	2	人間関係	相手の気持ちを考えることができ、誰とでも良好な関係を築くことができる。	大きなトラブルはなく、ほとんどの人と問題なく接することができる。	特定の人としか関係を築くことができない。苦手な人とは問題を起こすことがある。
	3	意思表示	自分から適切な人に相談したり質問したりでき、意思を伝えることができる。	相手とやりとりする中で自分の意思を表現することができる。	自分の意思を表出することが難しかったり、伝わらなかったりする。
	4	情緒の安定性	感情をコントロールすることができ、いつも情緒が安定している。	感情をコントロールができない時もあるが、自分なりに落ち着き安定することができる。	嫌なことがあったり、指導をされたりすると感情や行動が乱れる。
	5	協調性	友達と協力して作業などに取り組む。	促されて友達と協力する。	友達と関わったり協力したりする意識が薄い。
働く意欲・行動・願い	1	職業観	就職を希望し、はっきりと答えることができる。	進路希望をはっきりと答えられない。	就職を希望していない。
	2	時間の遵守	スケジュールを理解し、時間を意識して守ることができる。	スケジュールは理解できるが、時間を意識して行動することは難しい。	スケジュールを覚えられず、教師からの直前の指示で行動することが多い。
	3	安全意識	ルールを守り、危険な行動をとらない。	ルールを守れるが、慌てることがある。	ルールを守らず、勝手な行動をとることがある。
	4	積極性	周囲の状況を見て積極的に動くことができる。	友達の動きを見て同じように行動できる。	言われてもやろうとしないことがある。
	5	コースの希望	自分の希望が明確である	希望を迷っている、分からない。	希望するコースがなく、消極的である。
		小計			

148

資　料

（資料－7 つづき）

2　作業面評価表（作業担当者が作成する）

領域	NO	項目	評価		
			3（できる）	1（だいたいできる）	0（できない）
作業の力	1	体力、気力	1日（1～6限目）まで立ち作業ができた。	半日（4時間程度）の作業ができた。	半日（4時間程度）の作業もできなかった。
	2	指示内容の遵守	指示されたことを理解して、行動することができた。	指示されたことをおおよそ理解し、行動することができた。	指示されたことを守らなかったり、自分勝手に行動（発言）することがあった。
	3	正確性	ミスや不良品を出すことはほとんどなく、正確に作業することができた。	ミスや不良品を出すことがあるが、おおよそ正確に作業をすることができた。	ミスや不良品を出すことが多くあった。
	4	作業速度	10袋以上の袋を作ることができた。	5～10枚の袋を作ることができた。	5枚以下しか袋を作ることができなかった。
	5	持続性	1日通して手を止めずに作業に取り組むことができた。	短時間手を止めることはあるが、おおよそ集中して作業に取り組むことができた。	作業に集中する時間が短い。
		小計			

資料 - 8　学習プリント（自己分析をしよう）

単元「自分を知る」　　　　　　　氏名（　　　　　　　　）

自己分析をしよう

●自分の好み・性格・考え方

①	好きな食べ物は	・最初に食べる	・最後までとっておく
②	好きな場所は	・にぎやかな場所	・静かな場所
③	はじめてのところは	・ワクワク	・ドキドキ
④	どちらかを飼うとしたら	・犬	・ネコ
⑤	勝負ごとは	・好き	・嫌い
⑥	ものごとは	・予定通り進むのが良い	・急な変更もOK
⑦	話をするときは	・どんどんテンポ良く話す	・じっくり考えて話す
⑧	めんどうなことは	・すぐにやる	・あとにのばしがち
⑨	イライラしたときや嫌なときの気分転換は ・好きなこと（　　　　　　　　）をする　　・食べる　　・寝る ・お風呂　　・走る　　・叫ぶ　　・だれか（　　　　　）に相談する ・その他（　　　　　　　　　　　　　　　　　　　　　　）		
⑩	リラックスできることや時は（　　　　　　　　　　　　　　　　）		

●どっちのタイプ？

①	積極的	ひかえめ	⑩	でたがり	引っ込み思案
②	おおらか	きっちり	⑪	おおざっぱ	細かい
③	活発	のんびり	⑫	周りが気になる	自分中心
④	意思が強い	柔軟	⑬	頑固	優柔不断
⑤	さっぱり	ねばり強い	⑭	あきらめが早い	しつこい
⑥	はっきり	おだやか	⑮	短気	気持ちをためる
⑦	大胆	慎重	⑯	無鉄砲	こわがり
⑧	興味が広い	一つのことに凝る	⑰	あきっぽい	執着する
⑨	親切	静観する	⑱	おせっかい	そっけない

資　料

（資料 - 8 つづき）

●質問を読んで、「そのとおり！」「そうかも」「ちがう」に○をつけましょう。

	質 問 事 項	そのとおり	そうかも	ちがう
①	人の話を最後まで聞く（話の内容が分かる）			
	グループでの話し合いは得意			
②	自分の言いたいことが相手に分かりやすく伝わっていると思う			
③	国語などで教科書を音読するのが得意			
	本を読むのが好き			
	文書に書いてあることは読めば大体分かる			
④	漢字を書くことが得意			
	作文を書くことが得意			
⑤	計算することが得意			
	数学の文章題を解くことはあまり難しくない			
⑥	数学で定規やコンパスを使って図形を描くのは得意			
	国語で登場人物の気持ちを考えるのは得意			
	ノートを書くときは、どこに何を書くか考えてすぐに取り組める			
⑦	テストでうっかりミスをすることはあまりない			
	係や委員会の仕事など決められた仕事は最後までできる			
	机の中や身の回りを整理整頓することは得意			
⑧	授業中は集中して取り組むことができる			
	思ったことをすぐに言わずに考えてから言うようにしている			
⑨	大きな声や高い声はそれほど気にならない			
⑩	好きなことに徹底的にこだわるということはない			
	友達と仲良くすることができる			
	怒りっぽい性格ではない			
	予定が変更されてもすぐに新しい予定で行動できる			

- -
①聞く　②話す　③読む　④書く　⑤計算　⑥ 推論　⑦注意　⑧衝動性　⑨過敏性　⑩対人関係
- -

①から⑩で「ちがう」「そうかも」に○が多くついているものを書きましょう。（最大3つ）

引用・参考文献

〈引用文献〉

＝序章の引用文献＝

井上昌士(2012)特別支援学校(知的障害)高等部における軽度知的障害のある生徒に対する教育課程に関する研究 ― 必要性の高い指導内容の検討 ―. 独立行政法人国立特別支援教育総合研究所, 平成 22 年度～ 23 年度専門研究 B (重点推進研究) C-87 研究成果報告書

古賀広志(2012)IS 研究における事例研究の意義. 情報システム学会 第 8 回全国大会・研究発表大会発表論文集(Web 版), S3 C1-1

三島賢治・篠原朋子(2008)特別支援学校(知的障害教育部門)における就労を目指した進路学習の実践的研究. 神奈川県立総合教育センター 研究収録 27, pp.49-56

西村愛(2014)『社会は障害のある人たちに何を期待しているか ― 生涯学習実践から知的能力をめぐる問題を考える ―』. あいり出版

野田亜由美(2014)研究法としての事例研究：系統的事例研究という視点から. お茶の水女子大学心理臨床相談センター紀要 16 号, pp.45-56

大久保哲夫(1985)青年期における障害者教育の課題. 障害者問題研究 41, pp.2-12

高橋智 (1984) 教育学のアスペクトから見た障害概念 ― 上田敏・佐藤久雄の障害概念の検討を中心に ―. 茂木俊彦・平田勝政・高橋悟「障害概念の教育学的検討」3 節, pp.120-136,『人文学報 171』. 東京都立大学人文学部

渡辺明弘 編著 (2014)『軽度の知的障害のある生徒の就労を目指した青年期教育 ― 職業教育, 生徒指導・日常生活の指導・道徳の授業, 共生教育 ―』. 黎明書房

＝第 1 章の引用文献＝

阿部美穂子・廣瀬真理 (2008) 軽度知的障害児の安心, 自信, 自己肯定感の獲得に関する研究 ― 児童福祉施設併設特別支援学校における実践から ―. 富山大学人間発達科学部紀要 第 3 巻第 1 号, pp.55-66

青木万里(2009)自己理解に関する文献研究. 埼玉純真短期大学研究論文集 第 2 号, pp.1-15

ベンクト・ニィリエ著, 河東田博他訳編 (1998)『ノーマライゼーションの原理 普遍化と社会変革を求めて』. 現代書館, pp.69-94

エドワード・ジグラー, ダイアン・ベネット・ゲイツ著, 田中道治編訳(2000)『知的障害者の人格発達』. 田研出版

引用・参考文献

古屋健・三谷嘉明（2004）知的障害を持つ人の自己決定．名古屋女子大学紀要 50（人文・社会編），pp.41-53

原田公人（2009）障害のある子供への進路指導・職業教育の充実に関する研究　アンケート調査報告書．独立行政法人国立特別支援教育総合研究所

原智彦・緒方直彦（2004）主体的な進路選択 — 進路学習の実践．矢勝宏監修　養護学校進路指導研究会編，『主体性を支える個別の移行支援　学校から社会へ』．大揚社，第2章 pp.30-43, pp.65-73

本間弘子（2000）自己決定をどう支えるのかⅡ．施設変革と自己決定編集委員会編，『権利としての自己決定　そのしくみと支援』，エンパワメント研究所，pp.101-127

細渕富夫（2000）軽度発達遅滞児・学習障害児の高校教育の実態とその教育課程に関する研究．平成9年度〜平成11年度科学研究費補助金（基盤研究（C）（2）研究成果報告書）

保積功一（2007）知的障害者の本人活動の歴史的発展と機能について．吉備国際大学社会福祉学部研究紀要 第12号，pp.11-12

井上昌士（2010）知的障害者である児童生徒に対する教育を行う特別支援学校に在籍する児童生徒の増加の実態と教育的対応に関する研究．独立行政法人国立特別支援教育総合研究所平成21年度『専門研究B研究成果報告書』

井上昌士（2012）特別支援学校（知的障害）高等部における軽度知的障害のある生徒に対する教育課程に関する研究 — 必要性の高い指導内容の検討 —．独立行政法人国立特別支援教育総合研究所平成22年度〜23年度『専門研究B（重点推進研究）研究成果報告書』

梶田叡一（1985）『子供の自己概念と教育』．UP選書．東京大学出版会，pp.48-59, pp.135-150

児島亜紀子（2002）誰が「自己決定」するのか援助者の責任と迷い．古川孝順・岩崎晋也・稲沢浩一編，『援助するということ』．有斐閣，pp.210-256

小島道生（2007）知的障害児の自己の発達と教育・支援．『発達障害のある子供の自己を育てる　内面世界の成長を支える教育・支援』．ナカニシヤ出版，pp.12-27

小島道生（2013）知的障害のある児童生徒の意思決定支援 — 日本における現状と課題 —．発達障害研究第35巻第4号，pp.296-303

小島道生（2016）障害のある子の自己理解 — 発達障害児の豊かな自己理解を育てる —．発達障害研究第38巻第1号，pp.49-53

松田文春・二階堂修以知・福森護（2007）知的障害生徒の「自己決定」に向けての支援に関する研究．中国学園紀要 5，pp.195-201

茂木俊彦（2000）障害児の思春期・青年期教育．船橋秀彦・森下芳郎・渡辺昭男編，『障害児の青年期教育入門』．全国障害者問題研究会編集部，pp.13-30

文部科学省（2009）特別支援学校学習指導要領解説　総則編等（高等部）．海文堂出版，第5

章知的障害者である生徒に対する教育を行う特別支援学校高等部の各教科, pp.410-416, pp.460-469

中西正司 (2003) 自立生活の基本理念とその歴史. 厚生労働省「障害者 (児) の地域生活支援の在り方に関する検討会 (第 2 回, 6 月 9 日)」意見陳述資料 3　中西委員 (全国自立生活センター協議会代表) 提出資料 添付資料 5, 厚生労働省ホームページ, 2017. 12. 6 閲覧

西村愛 (2005a) 知的障害児・者の自己決定の援助に関する一考察 — 援助者との権力関係の視点から —. Journal of health & social services　No.4, pp.71-85

西村愛 (2014)『社会は障害のある人たちに何を期待しているか — 生涯学習実践から知的能力をめぐる問題を考える —』. あいり出版

大久保哲夫 (1985) 青年期における障害者教育の課題. 障害者問題研究 41, pp.2-12

大谷博俊 (2013) 知的障害教育における進路指導に関する実践的課題の論究 — 特別支援学校の教育課題・課題の関係者・課題の進展過程からの分析 —. 兵庫教育大学大学院連合学校教育学研究科博士論文, pp.1-144

柴田洋弥 (2012) 知的障害者等の意思決定支援について. 発達障害研究 第 34 巻第 3 号, pp.261-272

清水直治 (1999) 知的障害者本人の障害理解と心理的支援 — 本人による障害の認識と対応のための面談調査から —. 東京学芸大学紀要 1 部門第 50 集, pp.285-292

田中道治 (2003) 精神遅滞児 (者) の外的指向性に関する発達的研究. 特殊教育学研究, 41 (3), pp.317-323

寺本晃久 (2000) 自己決定と支援の境界. Sociology Today 10, pp.28-41

手島由紀子・吉利宗久 (2001) わが国における知的障害者の自己決定に関する研究動向 — 学習と支援を中心に —. 川崎医療福祉学会誌 Vol. 14 No.1. pp.211-217

手島由紀子 (2002) 知的障害児教育における自己決定に関わる実践の検討. 日本教育方法学会紀要「教育方法学研究」第 28 巻, pp.153-162

津田英二 (2005) 知的障害者のエンパワーメント実践における当事者性. 神戸大学発達科学部研究紀要　13(1), pp.59-70

上田晴男 (2000) 権利としての自己決定. 及び自己決定をどう支えるのか I.「施設変革と自己決定」編集委員会編,『権利としての自己決定　そのしくみと支援』. エンパワメント研究所, 序章及び第 3 章, pp.9-20, pp.69-100

渡辺明弘 (2014)『軽度の知的障害のある生徒の就労を目指した青年期教育』. 黎明書房

吉田奈央子 (2004) 軽度知的障害者の「困った場面」への反応の仕方 — 無力的認知に注目して —. 九州大学大学院人間環境学府 Web ページ　修士論文要約　人間共生システム専攻

引用・参考文献

＝第2章の引用文献＝

荒川智(2008)『インクルーシブ教育の課題．インクルーシブ教育入門 — すべての子どもの
学習参加を保障する学校・地域づくり』．かもがわ出版，第3部，pp.148-222

ベンクト・ニィリエ著，河東田博他訳編（1998）『ノーマライゼーションの原理 普遍化と
社会変革を求めて』．現代書館

外務省 (2016) 障害者の権利に関する条約．外務省ホームページ www.mofa.go.jp, 2016.11.3
閲覧

文部科学省中央教育審議会初等中等教育分科会(2012)共生社会の形成に向けたインクルー
シブ教育システム構築のための特別支援教育の推進(報告)

文部科学省(2018)特別支援学校学習指導要領解説 各教科等編(小学部・中学部)．開隆堂

内閣府(1953)学校教育法施行令第22条の3(昭和28年10月31日政令第340号，改正 平
19政363)

＝第3章の引用文献＝

阿部美穂子・廣瀬真理（2008）軽度知的障害児の安心，自信，自己肯定感の獲得に関する研
究 — 児童福祉施設併設特別支援学校における実践から —．富山大学人間発達科
学部紀要 第3巻第1号，pp.55-66

細渕富夫(2000)軽度発達遅滞児・学習障害児の高校教育の実態とその教育課程に関する研
究．平成9年度～平成11年度科学研究費補助金(基盤研究(C)(2)研究成果報告書)

小島道生(2007)知的障害児の自己の発達と教育・支援．田中道治・都筑学・別府哲・小島
道生『発達障害のある子供の自己を育てる 内面世界の成長を支える教育・支援』．
ナカニシヤ出版，第Ⅱ部第1章，pp.12-27

松岡武(1977)『精神薄弱児の心理』．福村出版

文部科学省(2009)特別支援学校学習指導要領解説 総則編(高等部)．海文堂出版，pp.410-
414

清水直治（1999）知的障害者本人の障害理解と心理的支援 — 本人による障害の認識と対応
のための面談調査から —．東京学芸大学紀要1部門第50集，pp.285-292

坪井康次(2010)ストレスコーピング — 自分でできるストレスマネジメント —．心身健康
科学6巻2号 特別講演，pp.1-6

山田純子（1995）軽度知的障害者に対する自己理解援助のプログラム．職業リハビリテー
ション Vol. 8, pp.1-7

渡部昭男(2009)『障がい青年の自分づくり 青年期教育と二重の移行支援』．日本標準

= 第 4 章の引用文献 =

阿部美穂子・廣瀬真理（2008）軽度知的障害児の安心，自信，自己肯定感の獲得に関する研
　　究　―児童福祉施設併設特別支援学校における実践から―．富山大学人間発達科
　　学部紀要 第 3 巻第 1 号，pp.55-66

エドワード・ジグラー，ダイアン・ベネット・ゲイツ著，田中道治編訳（2000）『知的障害者
　　の人格発達』．田研出版

井上昌士（2012）特別支援学校（知的障害）高等部における軽度知的障害のある生徒に対する
　　教育課程に関する研究―必要性の高い指導内容の検討―．独立行政法人国立特別
　　支援教育総合研究所平成 22 年度～23 年度『専門研究 B（重点推進研究）研究成果報告
　　書』

文部科学省（2001）21 世紀の特殊教育の在り方について　一人一人のニーズに応じた特別
　　な支援の在り方について（報告）

中村和彦（2004）知的障害児の記憶における方略利用の促進について方略訓練と成功及び失
　　敗事態におこなう帰属訓練の加算的効果．特殊教育学研究 42（3），日本特殊教育学会，
　　pp.197-206

根元治代（2014）一般就労した知的障害者の就業意識に及ぼす影響とその要因：リアリティ
　　・ショックに焦点をあてて．東洋大学大学院紀要 51 巻，pp.141-158

近江龍静・内海淳・鎌田裕之・佐藤圭吾（2007）主体的な進路選択と社会参加を促す進路学
　　習．秋田大学教育文化学部教育実践研究紀要　第 29 号，pp.55-64

清水直治（1999）知的障害者本人の障害理解と心理的支援―本人による障害の認識と対応
　　のための面談調査から―．東京学芸大学紀要 1 部門第 50 集，pp.285-292

下地あかね（2011）特別支援学校における知的障害児の自己決定に関する研究．兵庫教育大
　　学大学院学校教育研究科特別支援教育学専攻修士論文，pp.1-76

吉田奈央子（2004）軽度知的障害者の「困った場面」への反応の仕方―無力的認知に注目し
　　て―．九州大学大学院人間環境学府 Web ページ　修士論文要約　人間共生システム
　　専攻

全国 LD 親の会（2008）総合版 LD 等の発達障害のある高校生の実態調査報告書（全国 LD 親
　　の会・会員調査）

= 第 5 章の引用文献 =

阿部美穂子・廣瀬真理（2008）軽度知的障害児の安心，自信，自己肯定感の獲得に関する研
　　究　―児童福祉施設併設特別支援学校における実践から―．富山大学人間発達科
　　学部紀要 第 3 巻第 1 号，pp.55-66

エドワード・ジグラー，ダイアン・ベネット・ゲイツ著，田中道治編訳（2000）『知的障害者

の人格発達』．田研出版

細渕富夫(2000)軽度発達遅滞児・学習障害児の高校教育の実態とその教育課程に関する研究．平成9年度～平成11年度科学研究費補助金(基盤研究(C)(2)研究成果報告書)

井上昌士(2012)特別支援学校(知的障害)高等部における軽度知的障害のある生徒に対する教育課程に関する研究 ― 必要性の高い指導内容の検討 ―．独立行政法人国立特別支援教育総合研究所平成22年度～23年度『専門研究B(重点推進研究)研究成果報告書』

伊藤佐奈美(2017b)軽度知的障害生徒の学校生活への適応に関する研究 ― 特別支援学校高等部における質問紙調査をもとに ―．教科開発学論集 第5号, pp.13-22

小島道生(2007)知的障害児の自己の発達と教育・支援．田中道治・都筑学・別府哲・小島道生編『発達障害のある子供の自己を育てる　内面世界の成長を支える教育・支援』,ナカニシヤ出版

中村和彦(2004)知的障害児の記憶における方略利用の促進について方略訓練と成功及び失敗事態におこなう帰属訓練の加算的効果．特殊教育学研究 42(3), pp.197-206

松田文春・二階堂修以知・福森護(2007)知的障害生徒の「自己決定」に向けての支援に関する研究．中国学園紀要 5, pp.195-201

松岡武(1977)『精神薄弱児の心理』．福村出版

司城紀代美(2015)ヴィゴツキーの障害学における知的障害の心理機能．宇都宮大学教育学部紀要 第65号第1部, pp.221-227

手島由紀子・吉利宗久(2001)わが国における知的障害者の自己決定に関する研究動向 ― 学習と支援を中心に ―．川崎医療福祉学会誌 Vol. 14 No. 1. pp.211-217

ヴィゴツキー(2006)柴田義松・宮坂琇子訳『障害児発達・教育論集』．新読書社

吉田奈央子(2004)軽度知的障害者の「困った場面」への反応の仕方 ― 無力的認知に注目して ―．九州大学大学院人間環境学府 Web ページ　修士論文要約　人間共生システム専攻

湯浅恭正(1998)自己決定と学び．メトーデ研究会編『学びのディスコース　共同創造の授業を求めて』．八千代出版, 第8章, pp.159-178

= 終章の引用文献 =

榎本弘明(1998)「自己」の心理学 ― 自分探しへの誘い ―．サイエンス社

保積功一(2007)知的障害者の本人活動の歴史的発展と機能について．吉備国際大学社会福祉学部研究紀要 第12号, pp.11-12

細渕富夫(2000)軽度発達遅滞児・学習障害児の高校教育の実態とその教育課程に関する研究．平成9年度～平成11年度科学研究費補助金(基盤研究(C)(2)研究成果報告書)

石井美幸(2008)障害理解教育における知的障害への理解に関する教育．兵庫教育大学大学院学校教育研究科特別支援教育学専攻心身障害コース　平成20年度学位論文, pp.1-93

梶田叡一(1985)子供の自己概念と教育．UP選書．東京大学出版会, pp.48-59, pp.135-150

児島亜紀子(2001)社会福祉における「自己決定」：その問題性をめぐる若干の考察．社会問題研究　第51巻第1・2合併号, pp.331-342

小島道生(2007)知的障害児の自己の発達と教育・支援．『発達障害のある子供の自己を育てる　内面世界の成長を支える教育・支援』．ナカニシヤ出版, 第Ⅱ部第1章, pp.12-27

中山奈央・田中真理(2007)児童の自身が思う自己評価及び他者に移る自己評価が自尊感情に与える影響．教育ネットワークセンター年報　第7号, pp.45-57

大谷博俊・小川巌(1996)精神遅滞児の自己概念に関する研究 ― 自己能力評価・社会的受容感と生活年齢・精神年齢との関連性の検討 ―．特殊教育学研究　第34巻第2号, pp.11-19

田中真理・廣澤満之・滝吉美和香・山崎透(2006)軽度発達障害児における自己意識の発達 ― 自己への疑問と障害告知の観点から．東北大学大学院教育学研究科研究年報, 第54集第2号, pp.431-443

手島由紀子(2003)アメリカ合衆国の障害児教育における自己決定の展開．特殊教育学研究　第41巻第2号, pp.245-254

ヴィゴツキー(2006)柴田義松・宮坂琇子訳,『障害児発達・教育論集』．新読書社

渡部昭男(1997)青年期教育の創造．『講座発達保障 第1巻 障害児教育学』．全障研出版部, 第Ⅲ部第4章, pp.225-245

〈参考文献〉

姉崎弘(2011)『特別支援教育とインクルーシブ教育　これからのわが国の教育のあり方を問う』．ナカニシヤ出版

荒川智(1997)生活・労働の原理と障害児教育実践．大久保哲夫・清水貞夫編『講座発達保障第1巻 障害児教育学』．全障研出版部, 第Ⅱ部第2章, pp.75-95

別府哲(2006)高機能自閉症児の自他理解の発達と支援．発達27(106), pp.47-51

独立行政法人国立特別支援教育総合研究所(2012)特別支援学校(知的障害)高等部における軽度知的障害のある生徒に対する教育課程に関する研究 ― 必要性の高い指導内容の検討 ―．平成22～23年度『専門研究B(重点推進研究)研究成果報告書』

Evy Johansson・Hans Wrenne, 大井清吉・柴田洋弥監修, 尾添和子訳(1994)『障害の自己認識と性 ちえ遅れを持つ人のために』．大揚社

引用・参考文献

F．P・バイステック(2006)尾崎新・福田俊子・原田和幸訳『ケースワークの原則［新訳改訂版］― 援助関係を形成する技法』. 誠信書房

藤井明日香・落合俊郎(2011)特別支援学校(知的障害)高等部進路指導担当教員に求められる知識・スキル ― 高等部進路指導担当教員への調査から ―. 広島大学大学院教育学研究科紀要 第一部第60号, pp.119-126

外務省 (2014) 障害者の権利に関する条約. 外務省ホームページ www.mofa.go.jp, 2016.11.3 閲覧

橋本創一・菅野敦・為川雄二 (2002)知的障害者の個別の教育支援と青年期教育システムの確立に関する基礎的研究 ― 養護学校高等部実態調査による検討 ―. 発達障害支援システム学研究 第1巻第2号, pp.71-78

平石賢二 （1990）青年期における自己意識の発達に関する研究（Ⅰ）― 自己肯定性次元と自己安定性次元の検討 ―. Bulletin of Faculty of Education, Nagoya University (Educational Psychology), Vol. 37, pp.217-234

日裏史子 （1991） 障害児・者の進路選択に関する考察. 北海道大学教育福祉研究創刊号, pp.24-29

稲垣恭子・蓮尾直美(1995)教室における相互作用 ― クラスルームの社会学 ―. 柴野昌山編『教育社会学を学ぶ人のために』. 世界思想社, pp.145-165

井上收之(2000)進路指導 ― 進路を選ぶ力をつける. 船橋秀彦・森下芳郎・渡部昭男編『障害児の青年期教育入門』, 全障研出版部, 第7章, pp.151-168

糸賀一雄・田中昌人 （1956） 精神薄弱者の社会適応. 教育心理学研究 第3巻第4号, pp.204-213

伊藤佐奈美(2016)インクルーシブ教育に関する教員の意識. 愛知教育大学・静岡大学大学院教育学研究科共同教科開発学専攻 第6回教科開発学研究会発表論文集, pp.7-10

伊藤佐奈美(2017a)学校適応に困難を示す特別支援学校高等部生徒への支援実践 ― 知的障害の程度が軽度な2事例を取り上げて ―. 日本学校教育相談学会 学校教育相談研究第27号, pp.24-34

伊藤佐奈美(2017c)軽度知的障害生徒の自己理解に関する研究 自己評価の取組を通して. 日本特殊教育学会第55回大会発表論文集, 口頭発表(障害一般4, 矯正教育)O6-5

磯貝公男・中村勝二(2010)特別支援学校における知的障害者への就労支援に関する一考察 ― 特例子会社のニーズをもとに ―. 順天堂スポーツ健康科学研究 第2巻第2号, pp.70-73

金井直美(2011)自己決定の限界と可能性 ― 自己決定の主体と能力をめぐる考察 ―. 政治学研究論集 第33号, pp.147-169

菊池哲平 (2004)自閉症における自己と他者, そして心 ― 関係性, 自他の理解, および常

道理解の関連性を探る —. 九州大学心理学研究　第 5 巻, pp.39-52

木村宣孝・菊池一文(2011)特別支援教育におけるキャリア教育の意義と知的障害のある児童生徒の「キャリアプランニング・マトリックス (試案)」作成の経緯. 国立特別支援教育総合研究所研究紀要　第 38 巻, pp.3-17

小林真（2015）発達障害のある青年への支援に関する諸問題. 教育心理学年報　第 54 集, pp.102-111

小林隆二(1998)自閉症の青年期発達と精神療法. 山崎晃資編『発達障害児の精神療法』. 金剛出版, pp.139-155

小島道生・池田由紀江（2004）知的障害者の自己理解に関する研究 — 自己叙述に基づく測定の試み —. 特殊教育学研究　第 42 巻 3 号, pp.215-224

小島道生（2006）知的障害児・者の自己概念の測定法. 特殊教育学研究　第 43 巻第 5 号, pp.379-385

小畑伸五・武田鉄郎(2014)発達障害のある生徒に関する特別支援学校高等部教員への意識調査. 和歌山大学教育学部教育実践総合センター紀要　No.24, pp.51-57

久保田璨子・堀口真理子・窪島務（2017）青年前期の発達障害者の特徴と教育課題 — 滋賀大キッズカレッジ学習室生徒の高校入学前後の変化 —. 滋賀大学実践センター紀要　第 25 巻, pp.101-105

工藤奈美（2006）知的障害児・者のライフサイクルにおける自己決定実現の要因 — 青森市の場合 —. 弘前学院大学大学院社会福祉学研究科　修士論文抄録集第 1 号, pp.25-28

熊田正俊・別府悦子・野村香代・宮本正一(2016)知的障害特別支援学校における進路指導の教育課程 — 自己実現を図る PDCA サイクルを中心に —. 中部学院大学・中部学院大学短期大学部　教育実践研究第 1 巻, pp.111-120

熊地需・佐藤圭吾・斎藤孝・武田篤（2012）特別支援学校に在籍する知的発達に遅れのない発達障害児の現状と課題 — 全国知的障害特別支援学校のアンケート調査から —. 秋田大学教育文化学部研究紀要　教育科学部門 67, pp.9-22

栗原輝雄(1987)障害の受容をめぐって. 特殊教育学研究　第 25 巻第 2 号, pp.69-73

松田光一郎(2016)知的障害者の雇用継続に向けた実践モデルの構築　だれもが「働きがい」を感じる環境をめざして. コプレス

松田惺(1986)自己意識の発達に関する最近の研究. 教育心理学年報　第 25 集, pp.54-63

三谷嘉明（1991）発達障害青年の自立に向けて — アメリカの高校から職場への「移行」の論議. 『精神遅滞者の充実したライフサイクル　自立を促す援助のあり方』. 明治図書, 第 5 章, pp.83-104

望月葉子（2008）障害者の職業選択に伴う問題と支援の在り方. 日本労働研究雑誌　No.

578/September, pp.32-42

文部科学省（2001）21世紀の特殊教育の在り方について　一人一人のニーズに応じた特別な支援の在り方について（報告）

森崎正毅（1998）知的障害者の職業的生活技能の評価法開発に関する研究．日本障害者雇用促進協会障害者職業総合センター調査研究報告書　No. 22, pp.1-130

村上博志（2004）自己受容と関連する日常場面の要因について　ー大学生のQOL（QOSL）の視点から―．九州大学心理学研究　第5巻, pp.257-262

明神とも子（2011）ヴィゴツキーの障害児発達論について．帯広大谷短期大学紀要　開学50周年記念号（第48号）, pp.41-46

永野和子・岡田克己・政金真理他（2013）青年期・成人期の発達障害のある人の自己理解に関する研究　ー小学校情緒障害通級指導教室を利用した本人への調査を通して―．財団法人みずほ教育福祉財団　平成24年度特別支援教育研究助成事業　特別支援教育研究論文集, pp.1-35

永野佑子・森下芳郎・渡部昭男（1994）『障害児の思春期・青年期教育』．労働旬報社

中村隆行・藤木美奈子（2013）一般就労を目指す知的障害者に対する自己理解及び相談スキルトレーニングの試み．日本社会福祉学会第61回秋季大会ポスター発表B　発表論文集, pp.525-526

中塚啓太・片岡美華（2014）青年期における発達障害児の自尊感情回復に関する実践研究．鹿児島大学教育学部教育実践研究紀要　第23巻, pp.103-110

根元治代（2014）一般就労した知的障害者の就業意識に及ぼす影響とその要因：リアリティ・ショックに焦点をあてて．東洋大学大学院紀要51巻, pp.141-158

西村愛（2005a）知的障害児・者の自己決定の援助に関する一考察　ー援助者との権力関係の視点から―．Journal of health & social services　No. 4, pp.71-85

岡部君子・栗田翔子・長谷川恵子（2014）特別支援学校（知的障害）における教科等の系統的な指導に関する研究　ー「職業科」「家庭科」を中心に―．公益財団法人みずほ教育福祉財団平成25年度特別支援教育研究助成事業　特別支援教育研究論文集, pp.1-45

近江龍静・内海淳・鎌田裕之・佐藤圭吾（2007）主体的な進路選択と社会参加を促す進路学習．秋田大学教育文化学部教育実践研究紀要　第29号, pp.55-64

大澤史伸（1997）障害受容の過程と援助法．東海大学健康科学部紀要　第3号, pp.53-58

大谷博俊（2007）知的障害児の自己を育む進路学習の実践．『発達障害のある子供の自己を育てる　内面世界の成長を支える教育・支援』．ナカニシヤ出版, 第Ⅲ部第3章, pp.119-130

大友亜砂子（2006）軽度の知的障害のある生徒への自己肯定感を高めるための指導の工夫　ー教育相談活動や進路学習を通して―．群馬県教育センター紀要　第231号, 報告

1－報告8

大山美香・今野和夫（2002）知的障害者の自己概念に関する研究知見と実践的課題 — 文献的考察を中心に —．秋田大学教育文化学部教育実践研究紀要　第24号, pp.53-66

奥野まどか（2014）特別支援学校の教育活動における児童生徒の自己決定の機会とその関連要因．上越教育大学　www.juen.ac.jp/KasaharaShouroku, 2017.1.6閲覧

小塩允護（2002）軽度知的障害・学習障害等の後期中等教育段階における各種教育機関の教育の実際と今後の方向．独立行政法人国立特殊教育総合研究所知的障害教育研究部軽度知的障害教育研究室　一般研究報告書（特殊研B-158）「軽度知的障害のある生徒等の生活の質を高める指導に関する調査研究」(H11-13), pp.1-52

裴虹・渡部匡隆（2011）知的障害のある生徒への学校場面における選択行動の指導．特殊教育学研究　第49巻第1号, pp.85-94

坂井清泰(1989)高等部教育と進路の課題．障害者問題研究　第59巻, pp.27-36

佐久間(保崎)路子・遠藤利彦・無藤隆(2000)幼児期・児童期における自己理解の発達：内容的側面と評価的側面に着目して．発達心理学研究　第11巻第3号, pp.178-187

佐野真紀（2014）自立を支援するとはどういうことか — 援助者の自立との関りにおいて —．障害者教育・福祉学研究　第10巻, pp.21-25

佐々木健太郎・田中康子・野口和人・鈴木徹(2015)知的障害特別支援学校高等部における就業体験を通して自己の課題を的確に捉えられるようにするための支援の取組 — 外部資源を活用した就業体験の事前・事後指導を通して —．広島大学特別支援教育実践センター研究紀要　第13号, pp.77-86

司城紀代美(2010)ヴィゴツキー障害学の今日的位置づけ．東京大学大学院教育学研究科紀要　第50巻, pp.119-126

下地あかね(2011)特別支援学校における知的障害児の自己決定に関する研究．兵庫教育大学大学院学校教育研究科特別支援教育学専攻修士論文, pp.1-76

篠田晴男・石井正博（2008）青年期における自己理解の深化化と対人関係性について — 高機能広汎性発達障害の青年期支援に向けて —．立正大学心理学部研究紀要　Vol. 6, pp.15-25

杉村和美(1998)青年期におけるアイデンティティの形成：関係性の観点からのとらえ直し．発達心理学研究　第9巻第1号, pp.45-55

杉田穏子（2007）知的障害のある人の障害受容研究の意義と課題．立教女子短期大学紀要 39, pp.59-73

滝吉美知香・田中真理(2009)思春期・青年期における理解 — 自己理解モデルを用いて —．東北大学大学院教育学研究科年報　第57集第2号, pp.299-320

滝吉美知香・田中真理(2011a)自閉症スペクトラム障害者の自己に関する研究動向と課題．

東北大学大学院教育学研究科研究年報　第 60 集第 1 号, pp.497-521

滝吉美知香・田中真理 (2011b) 思春期・青年期の広汎性発達障害者における自己理解. 発達心理学研究　第 22 巻第 3 号, pp.215-227

田中耕一郎 (2006) 知的障害者の地域生活支援における主観的 QOL へのアプローチ. 北星論集 (社)　第 43 号, pp.69-95

田中良三 (1997) 教育内容の組織論. 大久保哲夫・清水貞夫編『講座発達保障第 1 巻　障害児教育学』. 全障研出版部, 第Ⅱ部第 2 章, pp.56-74

辰巳哲子 (2015)　自己決定的な進路選択における高校での経験学習の検討. Works Discussion Paper Series No. 5, リクルートワークス研究所, pp.1-8

手塚直樹 (1991) 知的障害とは (3) ― 職場生活と育成側への期待 ―. 武田幸治・手塚直樹共著『知的障害者の就労と社会参加』. 光生館, 第 2 部第八章, pp.273-284

徳永英明・田中道治 (2004) 知的障害児および健常児における自己意識の発達 ― 自己の変容に対するイメージと理想の自己イメージの関係 ―. 特殊教育学研究　第 42 巻第 1 号, pp.1-11

津田英二 (1997) 自己決定を支える学習集団に関する理論的考察. 日本社会教育学会紀要 No. 33, pp.75-84

堤英俊 (2016) 知的障害特別支援学校の学校文化に関する試論 ―〈グレーゾーン〉の生徒の適応過程から見えてくるもの ―. 都留文科大学研究紀要　第 83 集, pp.31-54

内海淳 (1999) 進路学習とトランジション. 清水貞夫編「転換期の障害児教育」編集委員会,『講座転換期の障害児教育第 5 巻　障害児教育方法の軌跡と課題』. 三友社出版,　第 9 章第 2 節, 第 3 節, pp.202-208

内海淳 (2004) 新たな進路指導・「移行支援」への転換. 松矢勝宏監修　養護学校進路指導研究会編『主体性を支える個別の移行支援　学校から社会へ』. 大揚社, 第 1 章, pp.10-28

渡辺明弘 (2011) 軽度の知的障害生徒を対象とした高等特別支援学校等における, 教科「流通・サービス」の設置と他の専門教科の実施状況 ― 職業教育についての調査とキャリア発達の視点からの検討 ―. 職業リハビリテーション Vol.22 No.2, pp.2-20

渡辺健治 (1982) ヴィゴツキーの障害児教育観. 特殊教育学研究　第 19 巻第 3 号, pp.30-38

山本晃 (2010)『青年期のこころの発達ブロスの青年期論とその限界』. 星和書店

山根隆宏 (2016) 知的障害児・者の自己の発達に関する分権的考察. 奈良女子大学大学院人間文化研究科年報　第 31 号, pp.173-181

山内國嗣 (2015) 知的障害教育におけるキャリア教育の視点と今日的課題 ― 大阪府の知的障害後期中等教育を中心に ―. 大阪総合保育大学紀要　第 9 号, pp.263-288

八幡ゆかり (2009) 知的障害教育における進路指導の変遷. 鳴門教育大学研究紀要　第 24

巻, pp.43-57

湯浅恭正（2015）障害児のキャリア形成と教育実践.『研究学生 — 国際特殊教育新進展 [2015・下巻]』. 天津教育出版社, 国際特稿, pp.22-35

全国LD親の会（2008）総合版LD等の発達障害のある高校生の実態調査報告書（全国LD親の会・会員調査）

あとがき

　本書は，2018 年 11 月に愛知教育大学大学院及び静岡大学大学院教育学研究科（共同教科開発学専攻）に提出した学位論文「軽度知的障害生徒における自己理解の支援に関する実証的研究」をもとに，若干の修正・加筆をしたものです。刊行にあたっては，「2019 年度中部大学出版助成」の交付を受けました。

　また，本書を刊行するにあたり，大変多くの方々にお世話になりました。心より感謝申し上げます。

　まず，主指導教員の愛知教育大学教授 稲葉みどり先生には，多大なる御心配と御苦労をおかけしました。入学当初なかなか研究が進まない私に，毎回のように「リサーチ・クエスチョンは何か」を問いかけられ，粘り強く御指導をいただきました。先生から御指導の中で問われたことを再度考え，練り直すことを繰り返す内に，少しずつ研究を形づくっていくことができたと感じています。

　論文の執筆にあたっては，副指導教員の静岡大学教育学部教授 村越真先生，愛知教育大学教授 古田真司先生に何度も丁寧に原稿を読んでいただき，貴重な御意見・御指摘をいただきました。先生方の厳しく温かい御指導のお陰で最後まで執筆することができ，学位論文としてまとめることができました。

　学位論文審査に際しては，静岡大学教授 村山功先生，愛知教育大学教授 石川恭先生，同 野地恒有先生に労をお執りいただきました。先生方には今後の研究の継続・深化に向けて多くの示唆をいただきました。

　その他，壁に突き当たって前に進めないでいたときにじっくり話を聴いてくださった修士課程での恩師，茨城大学名誉教授，福島学院大学教授 岸良範先生，博士論文の構成について貴重な示唆を与えてくださった茨城大学教授 荒川智先生，論文作法に至るまで細部にわたり丁寧に御教示くださった東京福祉大学教授 長坂正文先生には，精神的にも大きな支えとなっていただきました。

　さらに，筆者の勤める中部大学現代教育学部の湯浅恭正教授は，書き上げた論文を読んでくださり，専門的な視点から御指導くださいました。三島浩路教授には実践の評価を示すための統計手法を御指導いただきました。他にも中部

大学の先生方からは様々な面で研究を応援していただきました。本当にありがとうございました。

　この研究は，私の35年間の特別支援学校における教員生活最後の時期に出会った子供たちが，研究課題を提示してくれたものです。高等部生活に不適応を呈した生徒が指導を見直すきっかけを私たち教師に示してくれ，その対応のために先生方とともに考え，指導の在り方を検討する中から本研究が始まりました。日々子供たちが示してくれる様々なサインを受け止め，常に指導の在り方やかかわり方を見つめ直し，改善していきたいとの思いを共有できる教師たちに恵まれたことが私の幸せでした。子供たちの成長と将来の豊かな生活を実現するために，学校における指導・支援の在り方を検討し，実践を続けてくれた先生方に深く感謝致します。そして，今後の子供たちのさらなる成長と幸せ，その指導にかかわる先生方の一層の御活躍をお祈りしています。
　非力な私が，このように多くの方々のお力を借りて本書の出版までたどり着くことができましたことに改めて感謝の意を表します。

　2019年9月

伊藤　佐奈美

■著者紹介

伊藤 佐奈美 （いとう さなみ）

中部大学現代教育学部准教授
博士（教育学）（愛知教育大学及び静岡大学）
著書 『教職教育の新展開』（学術図書出版社, 2016, 共著）
　　『特別支援教育のための 100 冊 ― ADHD、高機能自閉症・アスペルガー症候群、
　　LD など』（創元社, 2007, 共著）

軽度知的障害生徒における自己理解の支援に関する実証的研究

2019 年 9 月 8 日　第 1 刷発行

著　者　伊藤　佐奈美　　©Sanami Ito, 2019
発行者　池上　淳
発行所　株式会社 **現代図書**
　　　　〒252-0333　神奈川県相模原市南区東大沼 2-21-4
　　　　TEL　042-765-6462（代）　　　　　FAX　042-701-8612
　　　　振替口座　00200-4-5262　　　　　ISBN　978-4-434-26341-5　　C3037
　　　　URL　http://www.gendaitosho.co.jp　　E-mail　contactus_email@gendaitosho.co.jp
発売元　株式会社 **星雲社**
　　　　〒112-0005　東京都文京区水道 1-3-30
　　　　TEL　03-3868-3275　　　　　FAX　03-3868-6588

印刷・製本　モリモト印刷株式会社

落丁・乱丁本はお取り替えいたします。　　　　　　　　　　　　　　Printed in Japan
本書の内容の一部あるいは全部を無断で複写複製（コピー）することは
法律で認められた場合を除き、著作者および出版社の権利の侵害となります。